国家社会科学基金重大招标项目
"贯彻落实科学发展观与加快经济发展方式转变研究"
项目编号：07&ZD009

经济发展方式转变研究丛书　沈坤荣 主编

中国经济增长收敛性
及其机理研究

ZHONGGUO JINGJI ZENGZHANG SHOULIANXING

JIQI JILI YANJIU

唐文健 著

人民出版社

策划编辑:郑海燕

封面设计:周文辉

图书在版编目(CIP)数据

中国经济增长收敛性及其机理研究/唐文健 著.
-北京:人民出版社,2009.8
(经济发展方式转变研究丛书)
ISBN 978-7-01-008024-6

Ⅰ.中… Ⅱ.唐… Ⅲ.经济增长-研究-中国 Ⅳ.F124

中国版本图书馆 CIP 数据核字(2009)第 107741 号

中国经济增长收敛性及其机理研究

ZHONGGUO JINGJI ZENGZHANG SHOULIAN XING JIQI JILI YANJIU

唐文健 著

人民出版社 出版发行

(100706 北京朝阳门内大街 166 号)

北京龙之冉印务有限公司印刷 新华书店经销

2009 年 8 月第 1 版 2009 年 8 月北京第 1 次印刷

开本:710 毫米×1000 毫米 1/16 印张:13.75

字数:191 千字 印数:0,001-3,000 册

ISBN 978-7-01-008024-6 定价:30.00 元

邮购地址 100706 北京朝阳门内大街 166 号

人民东方图书销售中心 电话 (010)65250042 65289539

序

自 1978 年以来,我国的经济转型与社会变迁在国际社会的观望和争议中一路高歌猛进。2008 年,实现国内生产总值约 300670 亿元,经济总量已经超过德国居世界第三位。但是,伴随着总量增长,各种结构性矛盾也日益突出,如一、二、三次产业比例不合理,城乡之间、地区之间发展不平衡,投资、消费关系不协调,技术进步对经济增长的作用不明显,资源环境的承载能力下降,国际收支不平衡矛盾加剧等,对我国经济进一步发展形成较大制约。从世界范围来看,我国目前所面临的问题在发达国家的经济发展过程中都或多或少地遇到过,但因此将它们视为经济增长中的常态特征显然并不合理。相反,这种在经济增长过程中所表现出的结构性矛盾,恰恰是对我国经济增长路径和增长模式的重大挑战。因此,进一步树立和落实科学发展观,着力解决各种结构性矛盾,加快转变经济发展方式,使效率在更高层次上释放,对中国经济的稳定协调和可持续发展具有十分重要的现实意义。

对于我国经济快速增长过程中存在的各种结构性问题,早在 20 世纪 90 年代就引起了人们的广泛关注。近年来,我先后主持多个国家社科基金、国家自然科学基金和国家社科基金重大招标项目,探究我国经济如何在有效解决上述结构性问题的基础上保持较快增长,研究成果受到较大关注并产生明显的社会影响。在这些项目的研究过程中,我个人最深切的感受是,我国是一个转型经济体,研究我国经济问题的关键,在于如何将经济理论与中国的具体实际相结合,选取适当的视角分析解释各种经济现象,进而正确地理解和把握结构性问题的成因和机理,有针对性地提出推进我国经济科学发展的建议和措施。

从目前来看,我国经济最大的现实是,我们还处于由二元经济向一元经济转型,由计划经济向市场经济转型这一双重转型的独特历史阶段。从各国经济发展的历史来看,由工业化和城市化带来的大规模劳动力由农村向城市转移,经济由二元向一元结构转换,是经济发展过程中不可逾越的一个历史阶段。在这一阶段,充裕的劳动力资源持续推动低成本工业化扩张,但由于农村劳动力并不具有太多的人力资本,对经济发展方式的转变构成了挑战。所以,我国经济发展方式的转变,将越来越受到劳动力素质低下的制约,整个过程将是一个十分艰难的过程。最为现实的路径是,与体制转型采取的由东部向中西部逐次推进一样,沿海发达地区率先转变发展方式,并逐次推进到其他区域。

但是,金融危机传导到国内,对我国经济快速稳定发展构成了重大威胁。今年一季度,我国GDP增长仅为6.1%,东部沿海地区劳动密集型企业经营遇到了前所未有的困难,大批"农民工"失业返乡,带来了许多社会问题。目前,中央和各地将保增长、保就业作为当前的一项中心工作,纷纷出台政策举措,以应对危机所产生的负面影响。从已有的统计数据来看,这场危机对东部沿海地区的影响似乎远大于内陆地区。在保增长和保就业的大背景下,实现发展方式的转变、推进我国科学发展在一些地区被冲淡,特别是在发达地区,在保增长、保就业的口号下,产业升级和产业转移的步伐明显减缓。事实上,金融危机对发达地区的更大冲击本身就说明,这些地区发展模式具有相当大的不稳定性。即使金融危机没有发生,仅仅依靠廉价劳动力的低成本工业化模式,增长迟早会走到尽头。金融危机的发生,实际上成为了发达地区转变发展模式、实现科学发展的一个重大契机。

沿海发达地区率先转变发展方式,不仅是实现我国科学发展的现实路径,也是控制并缩小地区发展差距、建设高水平小康社会的现实路径。这一判断也是唐文健博士的博士论文《中国经济增长收敛性及其机理研究》一个重要的研究结论。2004年,唐文健考入南京大学经济学院,在我指导下从事经济增长理论的学习和研究。在攻读博士学位期间,他承担了我主持的国家社科基金项目的部分子课题,他的博士论文也是其研究成果的一个阶段性总结。应该说他的博士论文选题具有较大的挑战性,因为中国的地区差距问题十分复杂,基于现代增长理论的传统收敛性分析框架并没有包含大规模劳动力转移这样的背景,研究有一定的技术难度,做出创新相当困难。但令人欣慰的是,唐文健博士很好地驾驭了这一研究课题,他从我国双重转型的实际出发,建立了一个研究我国经济收敛性的分析框架,并把政府和体现型技术进步结合到这一分析框架中,尽管不尽完善,但它可以弥补现有文献的不足,同时也进一步拓展了收敛性研究的空间,具有理论创新的价值。他的主要发现有以下三点:第一,我国地区差距演进很可能呈现倒 N 型,收敛性表现为先收敛、后发散、再收敛的动态特征;第二,财政分权体制下的地方政府在推进本地经济增长方面发挥着重要作用,这种作用的发挥受到政府财力或当地经济发展水平的制约,一个地区的经济增长会呈现出从缓慢增长到快速增长的非线性特征,进而"俱乐部收敛"现象也呈现出动态变化的特征;第三,投资驱动的粗放型增长过程中,体现型技术进步的作用较为明显,它有可能强化经济已有的收敛性特征。他认为,目前我国的地区差距已经进入由扩大向缩小过渡的阶段,但会出现区域间差距缩小与区域内差距扩大并存的新特点。这意味着,从总体上讲,我国能够实现区域协调发展,但统筹区域发展仍将会遇到一系列新问题。

在国家社科基金重大招标项目"贯彻落实科学发展观与加快转变经济发展方式研究"(07&ZD009)的资助下,唐文健将其博士论文整理成《中国经济增长收敛性及其机理研究》并出版,更为系统地介绍他的学术观点,这本专著不但具有学术价值,也具有现实指导意义。作为唐文健博士的指导老师,我很高兴为他的这本专著作序,并希望学术界的朋友能对该书做出积极的回应,为我们伟大祖国的繁荣和发展献计献策。

沈坤荣

2009 年 6 月于南京大学安中楼

目　　录

图表索引

图索引

导　　论

第一节　问题的提出

自 1978 年以来,中国的经济转型与社会变迁在国际社会的一片观望和争议中一路高歌猛进。以不变价格计算,2007 年国内生产总值(GDP)已达到249529.9 亿元。[①] 按当年汇率计算,人均国内生产总值已超过 2200 美元。2008 年,经初步核算,全年 GDP 达 300670 亿元。[②]经济总量超过德国跃居世界第三位。

但是,在总量增长的同时,各种结构性矛盾也十分突出,其中之一就是日益严重的地区发展不平衡问题。中国的地区发展不平衡问题尽管在某种程度上是一个历史问题,但并没有在最近的 30 年中得到有效缓解。新中国成立之初,中国现代经济成分基本上集中于东部沿海地区,经济发展的空间结构极不平衡。新中国建立后,中央政府采取了一系列措施,加大对中西部省份的投入,经济的空间布局有了较大的改善,但由于历史原因,地区不平衡现象仍然较为严重。按 1978 年的不变价格计算,1952 年省际相对差异系数为 45.5%,1978 年达到了97.2%。[③] 改革开放之后,地区发展不平衡问题一度有所好转,但自1990 年前后,地区发展不平衡问题再次恶化并呈现出加剧的趋势。以上海与贵州的人均地区生产总值之比为例,1978 年为 14:1,1989 年曾

---

① 数据来源:《中国统计年鉴 2008》,中国统计出版社 2008 年版。

② 国家统计局:《2008 年国民经济和社会发展统计公报》,《人民日报》2009 年 2月 27 日。

③ 胡鞍纲、邹平:《社会与发展——中国社会发展地区差距研究》,浙江人民出版社 2000 年版,第 2 页。

下降到10:1,到2004年又重新上升到14:1。[①]

地区发展差距的不断扩大,显然与在21世纪前20年建设惠及十几亿人口的更高水平的小康社会的奋斗目标相悖。所以,如何控制并缩小地区差距,促进和推动区域统筹发展,越来越引起中央决策层的高度重视。从20世纪90年代中后期开始,中央政府接连做出了一系列重大决策,包括实施西部大开发战略、振兴东北老工业基地战略与中部崛起战略,力图扭转地区发展差距过大的现状;在"十一五"发展规划中,中央又将统筹区域发展作为"十一五"期间中国经济发展必须破解的重大课题之一,摆上日益重要的位置;在2007年召开的党的十七大上,又提出要在今后一段时期,实现"城乡、区域协调互动发展机制和主体功能区布局基本形成"的目标。[②] 基于这样的背景,在理论层次上探讨地区发展不平衡问题的深层次原因并提出有针对性的政策建议,具有非常重要的现实意义。

第二节　研究视角、思路和方法

一、研究视角

自20世纪90年代以来,伴随着总量快速增长的地区发展差距不断扩大现象日渐浮出水面,受到学术界越来越多的关注。许多研究者基于不同的视角对这一现象进行了深入研究,形成了一大批颇具建树的理论成果,一些成果还被中央采纳,体现在统筹区域发展的具体政策之中。然而,中国的地区发展差距加大的趋势并没有因此得到明显遏制,东、中、西部之间的发展差距在过去的10多年中进一步扩大。这提示我们,关于中国地区发展不平衡问题的原因与机制在很大程度上可能仍然未被人们所认识,寻找新的视角进行研究仍然是摆在理论界面前的一个重大问题。

[①] 根据《新中国五十年统计资料汇编》和1999年以后的《中国统计年鉴》,按可比价格计算。

[②] 胡锦涛:《高举中国特色社会主义伟大旗帜　为夺取全面建设小康社会新胜利而奋斗》,《人民日报》2007年10月25日。

在理论上,地区发展不平衡问题的加剧,可以归结为地区经济增长出现发散而不是收敛的趋势。一般来讲,如果落后地区的经济增长速度快于发达地区,不同地区的人均收入及其增长率的差距随着时间的推移而逐渐缩小,这一现象在经济增长研究中被称为收敛(Convergence)。① 反之,如果落后地区的经济增长速度慢于发达地区,地区之间的人均收入及其增长率的差距随着时间的推移而逐渐扩大,这一现象在经济增长研究中被称为发散(Divergence)。收敛性研究一般通过实证的方法分析不同国家或地区经济增长的收敛性特征,根据增长理论所揭示的经济增长机制解释国家间或地区间人均收入及其增长率差异的形成机理和影响因素,进而提出有针对性的政策建议。它是最近20年发展起来的在总量层次上研究国家间或地区间收入差距的主要分析工具。

由于中国的地区差距在20世纪90年代后出现加速扩大的趋势,所以,近10多年来运用收敛性分析工具研究自改革以来的地区经济增长及其差异的文献不断涌现。然而,从已有的文献来看,几乎所有的研究主要侧重于分析经济的收敛性特征是什么,很少有人研究收敛性特征是否具有动态性,而研究形成不同收敛性特征机理的文献更是十分罕见,中国地区经济增长收敛和发散现象产生的真正原因仍然是一个有待打开的"黑箱"。

众所周知,中国的转型采取的是一种渐进式的转型方式。这种渐进式转型具有时间与空间方面的两层内涵。从时间这个维度来看,对建立一个什么样的经济体制的提法,经历了"计划经济为主、市场经济为辅"、"有计划的商品经济"、"社会主义市场经济"等不同阶段;从空间这个维度来看,也大致经历了经济特区→沿海开放城市→内陆城市的逐次推进的过程。正是这样的渐进转型模式,使得在过去的30年中,中国的经济增长具有明显的阶段性特征。基于这样的转型特点,一个很自然的逻辑是,中国的地区收敛性也应该具备阶段性特征。因此,关注地区收敛性的阶段性特征是本书研究的第一个切入点。

当然,即使把握了地区收敛性的阶段性特征,也不能说我们对中国

---

① 在一些文献中,也称"收敛"为"趋同"。

的地区发展不平衡问题有了彻底的把握。作为一项实证研究,收敛性检验的毕竟只是历史数据,因此它的结论只能代表过去(如果正确的话)。基于中国的渐进转型尚未结束这样的背景,我们很难认为,基于历史数据的计量检验结果能够预知未来。这就显示出进行收敛性形成机理研究的必要性。机理分析除了能对经济现象发生的原因做出解释外,它还有助于人们了解经济现象发生、发展和变化的过程,并能预见到经济现象未来的发展趋势。以被广泛使用的新古典条件收敛分析框架为例,如果将地区经济差异归结为稳态结构指标的差异,那么这些稳态结构指标是否会随着时间的变化而变化? 最终是收敛还是发散? 这些问题都需要通过详细的机理分析找到答案;同时,通过实证分析得到的影响地区差距的政策性因素或者可以受政策影响的因素,也需要通过详细的机理分析来确定它们的作用机制,使政策能够产生预期的结果。所以在本书中,我们将收敛性形成机理的分析作为一个主要任务,力图对中国地区差距产生与发展的内在原因和机制做出较为圆满的回答。

二、研究思路

经济收敛性问题的研究,最初来源于经济学家对新古典增长理论与内生增长理论谁更接近于各国经济增长的典型事实的争论。新古典增长理论认为,随着资本存量的增加,资本边际收益的逐步下降会使经济的人均资本向稳态收敛,稳态的人均产出、人均资本等指标由经济当事人的主观贴现率和效用函数性质等参数决定,增长率取决于外生给定的劳动力增长和技术进步速度。根据这一理论,具有相同技术偏好的经济,会有相同的稳态人均指标,从而初始人均指标较低的经济在向稳态人均指标过渡的过程中,会比人均指标较高的经济具有更高的增长率。而不同技术偏好的经济,会具有不同的稳态人均指标,距离稳态较远的经济将趋向于更快地增长。在经济收敛性研究中,前者被称为绝对收敛,后者被称为条件收敛。[1]

---

[1] [美]巴罗、萨拉伊马丁:《经济增长》(中译本),何晖、刘明兴译,中国社会科学出版社 2000 年版,第 12～17 页。

内生增长理论因为突破了资本边际收益递减的假定,认为对人力资本积累更多的投入、有效激励商业研发活动的制度及市场结构等,可以引致内生增长,因而这一理论倾向于认为国家间或地区间的发展差距扩大是一种常态,新古典式绝对收敛并不现实。然而,无论是新古典增长理论还是内生增长理论,都是建立在成熟市场经济环境基础之上的,无论是它的理论前提还是逻辑方法通常只适合于成熟市场经济,而对于像中国这样的处于发展中的转型经济来讲,如果忽视转型的影响,仅仅用流行的分析框架进行经验研究,其结论的政策含义可能并不可靠,甚至会产生误导。

第一,将差异本身归结为差异的原因所产生的误导。比如,新古典理论认为由技术偏好决定的储蓄率进而投资率具有水平效应,给定其他条件,储蓄率越高,经济稳态的人均资本越高,因而这一理论倾向于用投资率的差异解释跨国人均收入的巨大差异。但是,对于资本流动障碍相对较小的一国各个地区来说,投资率的差异背后反映的是资本回报率的差异,所以投资率的差异只是差异的本身而不应该成为差异的原因。

第二,因混同短期因素与长期因素而产生的误导。这是因为,对于中国这样结构变动剧烈的转型经济来说,通过主流框架分析得到的一些影响地区差异的因素,很多是短期的,将这些短期因素作为影响地区差距的长期因素看待,显然也会产生政策误导。

第三,更为重要的是,如果新古典理论的资本边际收益递减的收敛条件不再满足,增长的初始条件就至关重要,而主流收敛性分析框架将差异的原因主要归结为经济稳态结构参数的差异,容易使人们因此而忽略一些决定地区差距形成与发展的关键性因素。因此,必须选择新的研究思路,针对经济转型这样的背景进行研究,才能更加准确地把握中国经济增长的收敛性特征。

从已有的研究文献来看,基于新古典增长理论的条件收敛假说、基于内生增长理论的技术赶超假说和基于非线性增长理论的俱乐部收敛假说,是在总量层次上进行收敛性分析并解释地区差距扩大现象的主要理论假说。根据这些理论假说,导致地区差距形成的最基本原因有三个:报酬递增、经济增长非线性和稳态增长结构参数差异。所以,分析转型是否会引发上述三种现象,是本书机理分析的主要出发点。

本书研究的主要思路如图0-1如示。

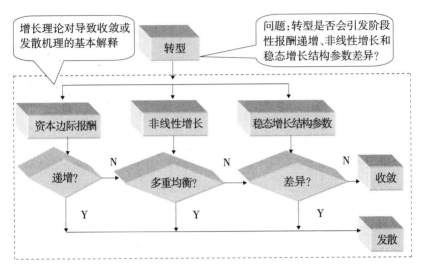

图0-1　研究思路

第一,转型是否会导致经济增长出现阶段性报酬递增的可能性?尽管新古典经济学始终强调报酬递减的重要性,但就卡尔多(Kaldor,1963)归纳出的现代经济增长六个典型特征来看,新古典报酬递减规律并不能很好地解释近一个世纪以来发达国家的经济增长。从已有的文献来看,由于大多数研究是基于条件收敛分析框架进行的,而这一分析框架隐含着报酬递减的假定,所以这些研究忽略了阶段性报酬递增存在的可能性。我们认为,对于中国这样处于转型中的发展中经济来说,这样的忽略是很不严谨的。

第二,转型是否会使经济增长呈现出非线性特征?出现非线性增长的主要原因是经济在增长过程中受到发展"门槛"的制约,经济增长存在多重均衡,处于不同均衡的过渡增长路径上的经济,尽管在长期并不存在报酬递增,但仍然会因均衡位置的不同而出现增长差异,进而出现俱乐部收敛现象。只有当经济系统的内部或外部环境发生变化,使得经济摆脱发展"门槛"的约束后,才能由低水平均衡的过渡增长路径跳跃到高水平均衡的过渡增长路径上。对于中国来说,改革以来经济增长的一个典型事实是东部与中西部发展的差距明显,少数文献尽管讨论了由于多重均衡所导致的非线性增长,但并没有进一步分析增长非线性的形成机理特别是导致增长呈现非线性的发展"门槛"所产生的制度或技术背景。显然,这对于理解中国地区经济增长收敛性特征以及地区差距的形成和发展机理,是远远不够的。

第三,转型经济的增长模式是否会导致影响稳态增长的结构指标与资本积累过程之间出现相互作用?新古典增长理论将决定稳态增长的结构指标视作外生,并且否认结构参数与资本积累过程的相互作用,这在一定程度上限制了这一理论体系的解释力。遗憾的是,关于中国地区差距的大多数研究仍然用稳态结构参数的差异来解释地区间的发展差距,而没有进一步关注它们与资本积累之间的关系,这显然是不够全面的。我们知道,相对于跨国之间的差异,一国之内各区域技术偏好的差异是相当小的,同时稳态结构参数也会因公共政策的改变而改变,但是我们并没有看到中央政府强有力的区域统筹发展政策产生非常大的效果,这提示我们,有可能存在内生决定的新古典稳态结构参数,而已有的研究却忽略了这一事实。

三、研究方法

辨明中国地区经济增长的收敛性动态特征和解释其形成机理是本书研究的两个主要任务。对于前一个任务,最近20年的文献积累了大量的收敛性实证分析方法,为本书的实证研究提供了很好的基础。对于后一个任务,基于中国的转型背景,需要将转型经济学、发展经济学与现代经济增长理论有机结合起来,才能较好地驾驭研究。具体而言,本书采用了如下的研究方法:

在微观层次上,本书主要通过转型经济学和发展经济学的分析框架展开分析。分析地区差距的形成机理离不开特定的微观基础。增长经济学的微观基础是基于成熟市场经济的,而中国经济是一个正处于体制转型中的经济,也是一个从二元经济结构向一元经济结构转型的经济,研究中国经济的增长与差异问题需要重新审视增长的微观基础。转型经济学以经济转型国家从计划经济到市场经济的转型过程为主要研究对象,着重研究在政治约束条件下的转型策略与路径、转型经济资源配置方式变化及其绩效以及微观主体治理结构的改变对经济系统的影响(罗兰,2001)。这些研究视角和方法,为把握转型经济增长和差异的微观形成机理提供了很好的借鉴。同样的,发展经济学作为一个有较长历史的经济学分支学科,包含有丰富的思想和分析方法,非常适合像中国这样的仍处于工业化阶段的发展中国家经济现象的研究与分析。

在总量层次上,本书主要采用的是增长经济学的分析框架。增长经济学主要从总量层次上考察增长与差异,其中新古典增长理论侧重于资本积累,内生增长理论侧重于技术进步,这两大重要的理论体系所蕴涵的一系列丰富的思想以及各种分析工具和方法,为本书在宏观层次的研究提供了坚实的理论支撑。

四、技术路径

基于上述的研究思路,本书在通过多种实证检验方法归纳出中国地区经济增长收敛性的阶段性特征的基础上,按照以下步骤展开研究:

首先,建立一个双重转型经济的收敛性基本分析框架。近年来,对中国经济收敛性的研究文献,大多数使用由巴罗、萨拉伊马丁(Barro and Sala-I-Martin,1995)、曼昆、罗默和韦尔(Mankiw、Romer and Weil,1992,以下简称MRW)等提出的基于单部门新古典增长模型的经典条件收敛计量模型,在控制一些影响稳态的结构参数后,再考察增长与初始人均指标之间是否存在明显的负相关关系。[①] 然而,无论是新古典增长理论还是内生增长理论,在很大程度上更适合像美国这样的发达经济。因此,运用这样的分析框架,即使实证研究的含义非常丰富,但据此来导出相应的政策含义是相当危险的,因为实证研究所依赖的理论框架距离我们很远。基于这样的考虑,发展一个适合中国经济特点的分析框架,就显得尤为重要。

我们认为,对于像中国这样的正处于由二元结构向一元结构转型、

---

① 对于中国这样无论是结构还是体制每天都在发生变化的国家来说,现代增长理论的一个核心概念——稳态,在使用时应当特别小心。一方面,影响稳态的结构性参数可能每天都在变化,另一方面,正如我们在第三章所论证的,当存在阶段性报酬递增时,所谓的"稳态"在某一特定阶段是不存在的。

由计划经济向市场经济转型这双重转型的经济来说,经济增长伴随着较为剧烈的结构变动和体制变迁,尤其是大规模劳动力转移会带来就业结构的巨大变化。在这样的一个经济背景下,一个单部门模型可能并不能很好地体现出中国经济的主要特征,基于单部门的分析框架尽管在一定程度上可以捕获到结构变动和体制变化对收敛性的影响,但框架本身并不能很好地说明其影响机理。因此,本书将通过两个产业三个部门模型刻画处于双重转型中的经济,研究双重转型经济资本边际报酬特征及其影响因素,在此基础上分析经济的收敛性阶段性特征。

其次,将政府引入双重转型经济收敛性分析框架。几乎所有的研究发现,中国的地区差距在很大程度上可以用各地市场化、非国有化程度和基础设施条件的差异来说明,但是这些研究将这样的差异作为外生因素引入收敛性分析,这就很难回答这样的一个问题:为什么落后地区不能通过学习先进地区的成功发展经验来实现向发达地区的赶超?显然,在中国财政分权的背景下,地方政府有这样的激励进行学习。然而,事实并非如此。对此,一个显而易见的答案是,上述差异并不是外生的,而是由中国特有的政治集权经济分权体制所内生决定的。所以,从中国各级政府在改革以来经济增长中的重要性出发,分析"为增长而竞争"这一背景对地方政府行为进而对经济增长产生什么样的影响,是理解中国地区收敛性的一个关键之处。

最后,从中国经济投资驱动型增长特征明显出发,将体现型技术进步引入双重转型经济收敛性分析框架。技术水平的差异是地区差距产生的一个重要原因,但不能否认的是,粗放型增长是中国经济增长的一个显著特征,因而我们在考虑技术水平的差异时,要更多地考虑粗放型增长模式本身产生的技术进步的可能性及其途径。在已有的收敛性研究中,通常都假定了资本积累与技术进步之间是相互独立的,侧重于考察全要素生产率变化即中性技术进步对收敛性的影响。事实上,早在50多年前经济学家就发现,资本积累与技术进步两者之间并不是独立的,而是伴随着资本积累会产生所谓的体现型技术进步,即体现在资本品本身的技术进步。以电子计算机为例,现在购置一台同样价格的计算机,其计算效率要比10年前高出几千甚至几万倍。改革开放以来,中国是世界上投资率最高的国家之一,投资驱动型增长特征非常明显,如果在资本积累过程中所产生的体现型技术进步对于改革以来的经济增长的作用相对于中性技术进步更大,忽视体现型技术进步对地区收敛性的影响,也不能很好地理解和把握地区差距的成因。

图0-2是本书研究的技术路径图。

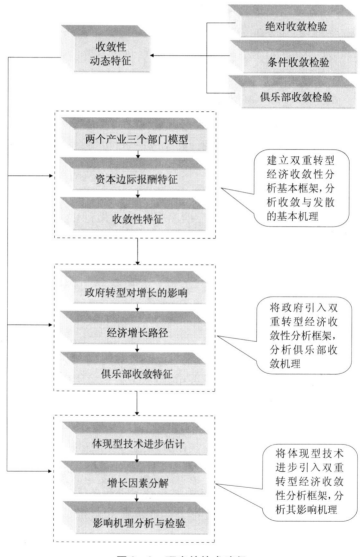

图0-2 研究的技术路径

第三节　内容体系和结构安排

本书除导论外共分为六章:第一章是文献回顾部分,阐述收敛性研究的理论基础与实证方法;第二章实证检验中国地区收敛性并归纳其动态特征;第三、四、五章分析收敛性形成机理;第六章是结论与政策建议。

导论:作为全书的导论部分,详细分析了选题的现实意义和理论意义,阐述了主要研究思路和方法路径,概要介绍了全书的内容体系和结构安排以及主要发现。

第一章:收敛性分析的理论基础与实证方法。这是全书研究的理论准备部分。首先,在回顾现代经济增长理论发展的基础上,对不同增长理论的收敛性含义和引致经济收敛的主要机制进行了区分;复次,通过一个简单的模型对收敛性研究的主要分析框架的理论基础和基本思想进行归纳;再次,介绍收敛性实证研究中对于收敛的不同定义及检验方法;复次,综述中国地区经济增长收敛性的研究文献;最后,进行简短的评论。

第二章:中国地区经济增长收敛性及其动态特征。这一章是本书的一个重要部分。本章通过多种实证检验方法对中国地区经济增长收敛性进行较为全面的检验,并从中归纳出地区收敛性的阶段性动态特征。在这一章的研究中,主要的实证方法包括截面回归方法、面板方法、收入分布动态方法和空间计量方法,并使用工具变量法检验条件收敛性。通过这些实证方法,我们检验了改革开放以来中国地区经济增长的绝对收敛性、条件收敛性和俱乐部收敛性,并以1993年为界,具体分析了前后两个阶段的收敛性动态特征及其变化,发现绝对收敛性存在先收敛后发散的动态特征,俱乐部收敛性存在明显的阶段性特征,条件收敛性在不同阶段的影响因素也存在着明显的区别。

第三章:双重转型下地区收敛和发散的基本机理。从第三章开始,本书将分三章分析中国地区经济增长收敛性及其动态特征的形成机理。在本章中,我们建立了一个双重转型经济收敛性研究的基本分析框架。通过两个产业三个部门的双重转型经济模型,分析了双重转型速度与资本边际报酬两者之间的关系,指出了双重转型经济的收敛性会呈现先收缩、再发散、最终收敛的倒 N 型动态特征。研究发现,20 世纪 90 年代之前,由于双重转型速度相对较慢,经济的报酬递减特征明显,地区经济增长出现了绝对收敛的趋势;而自 20 世纪 90 年代早期之后,由于双重转型速度加快和生产要素跨区域流动规模扩大,经济出现阶段性报酬递增的可能性加大,推动了经济增长发散和累积因果效应的产生。随着转型阶段性目标的逐步实现,现阶段正处于发散与收敛的过渡阶段。实证分析很好地检验了上述地区收敛性阶段性动态特征的形成机理。

第四章:政府转型与俱乐部收敛性的形成机理。本章将政府引入双重转型收敛性分析框架,讨论增长的非线性及其表现出来的俱乐部收敛性动态特征。首先,基于中国经济增长中地方政府的重要作用,从中国各级政府转型模式出发,提出了一个最小政府规模的概念,讨论最小政府规模的存在对地方政府行为的影响。其次,将最小政府规模的概念纳入增长理论框架,研究存在最小政府规模经济的增长动态,分析其非线性增长特征,并对俱乐部收敛性的形成及变化的机理作了理论上的解释。最后,通过参数与非参数方法估计存在最小政府规模经济的发展"门槛"并进行实证检验。

第五章:体现型技术进步对地区收敛性的影响机理。本章将体现型技术进步引入双重转型经济收敛性分析框架。研究表明,体现型技术进步在中国总量增长的作用相对于中性技术进步明显增强,正逐步成为推动中国经济增长的一个重要因素。由于资本积累与国际贸易是体现型技术进步产生的两个主要渠道,因此不同地区的资本积累和开放度的差异会通过体现型技术进步这一机制对地区收敛性产生影响。本章重点分析了投资率和外商直接投资(FDI)差异对体现型技术进步的影响,发现投资率和 FDI 与体现型技术进步之间存在明显的正相关关系。这一结果表明,资本积累和 FDI 的差异不仅通过资本品投入数量的差异,同时也通过资本品质量与效能的改进对地区收敛性产生影响,不平衡发展战略通过这一机制强化经济已有的发散趋势。

第六章:中国地区差距发展的未来展望。本章归纳全书的主要研究结论,对中国地区差距的发展趋势进行了概略性判断,并就实现地区协调发展提出了政策建议。根据本书对中国地区经济增长收敛性形成机理的分析,中国地区差距未来进一步扩大的可能性并不大,但会呈现出区域间差距缩小与区域内差距扩大并存的新特征。通过有序控制劳动力跨区域流动,推进产业梯度转移,改革不利于缩小地区差距的体制与政策和加快政府转型的步伐,将有助于促进地区收敛,实现区域协调发展。

第四节 主要发现

与其他探讨中国地区发展差距问题的文献相比,以下几个方面可构成本书的主要发现:

(1)立足于把握中国地区收敛性的阶段性特征。本书的研究发现,20世纪90年代早期是中国地区差距发生变化的转折点,这一发现尽管在一些文献中也被提及,同时这一变化就是通过直观观察也能够很容易被发现,但指出中国地区经济增长的收敛性特征是动态变化的,一方面尚没有文献有这样的提法,另一方面也隐含着方法论上的创新,即立足于动态而不是静态研究和分析中国的地区收敛性。这显然更符合中国的现实。

(2)根据中国双重转型的实际,发展了一个分析双重转型经济收敛性的理论框架。我们认为,这是本书的一个最重要的创新,相关成果在第五届中国经济学年会上做过报告并在《中国社会科学》上发表。之所以认为这是一个重要的创新,是因为在我们所掌握的文献中,尚没有一个专门针对中国地区收敛性的分析框架,本书所提出的分析框架尽管不尽完善,但它可以弥补现有文献的不足,同时也进一步拓展了收敛性研究的空间。除此之外,通过这一分析框架本书对地区绝对收敛性的阶段性特征进行了分析,认为中国地区收敛性将呈现收敛—发散—再收敛的倒N型动态特征,这也是已有研究所不具备的。

(3)根据中国政府转型的实际,提出了一个"最小政府规模"的概念,基于这一概念分析中国俱乐部收敛性的形成机理,据此解释俱乐部收敛的产生、变化和未来发展趋势,并对导致俱乐部收敛产生的发展"门槛"进行了估计。此前,尚没有文献对中国地区经济增长的俱乐部收敛现象进行详细的机理研究,本书提出的基于"最小政府规模"概念的增长分析框架,不但有助于理解中国地区经济增长所表现出的明显的俱乐部收敛这一现象;同时,如果现有的政治与经济体制不发生重大变化,它对中国未来的发展也具有丰富的政策含义。我们认为,这是本书的另一个主要创新,相关成果也在第七届中国经济学年会和第六届中国青年经济学者论坛上做过报告。

(4)分析了体现型技术进步对于中国经济增长的作用,检验了资本积累与 FDI 差异通过体现型技术进步对地区收敛性的影响机理。相关的创新成果在第八届中国经济学年会上做过报告并在《统计研究》等刊物上发表。

(5)预测了未来中国地区差距变化与发展的主要趋势,指出地区差距将有可能出现区域之间差距缩小和区域内部差距扩大并存的新特点。

限于本人的理论功底以及可以获得的数据资料,研究还存在很多不足之处。比如,尽管在一定程度上解释了中国地区经济增长收敛性的形成机理,但微观层面上的机理分析还不够;对理论模型动态特征的数理分析深度也不够,某些特征的分析不得不借助于数值模拟,影响了研究的理论深度;限于可以获得的数据,在检验地区收敛性形成机理时,实证分析做得还不够丰富。

同时,在本书的研究中,转型主要作为一个外生因素被纳入分析框架,但经济基础与上层建筑是相互联系、相互促进的,地区差距的变化会对中国的转型过程产生什么样的影响,又如何进一步影响地区收敛性,值得进一步研究。并且,由于中国的转型过程明显具有阶段性特征,随着改革开放的进一步深入,中国的体制转型与制度变迁必然会出现新特点、新变化,体制与环境的变化对地区收敛性将产生什么样的新影响,也需要进一步探讨。

第一章　收敛性分析的理论
基础与实证方法

　　诺贝尔经济学奖得主卢卡斯有这样的一句名言:"一个经济学家只要开始思考这些(发达国家和发展中国家收入差距不断扩大的)问题,就再也不会思考其他问题"。现代经济增长理论除了探讨各国经济为什么增长、经济增长的源泉是什么这一类基础理论问题外,也相当关注为什么一些国家富有而同时另一些国家贫困这样的现实问题。正是由于对现实问题的关注,导致了收敛性研究在 20 世纪最后的 10 多年中,与内生增长理论一样得到了非常迅猛的发展。

第一节　收敛性分析的理论基础

　　收敛性分析研究的是国家间或地区间的人均指标水平是否能趋于收敛? 如果不能收敛,影响的因素有哪些? 要从根本上理解这些问题,就必须从经济增长理论中寻找答案。

一、经济增长理论概述
　　经济增长理论研究的是经济长期增长的机制与源泉,对这一问题的探讨至少可以追溯到斯密、里卡多、马克思、马尔萨斯等古典经济学家以及扬格、熊彼特等学者,他们所提出的一系列重要思想,包括劳动分工、要素报酬递减、人口增长与人均收入的相互关系、新产品及新生产方式的创新机制等,在各种现代经济增长模型中均有体现。
　　进入 20 世纪 30 年代后,大萧条引起了经济学家对资本主义经济内在稳定性的质疑,通过将凯恩斯的思想整合到经济增长模型之中,哈罗德(Harrod,1939)和多马(Domer,1946)运用要素投入之间缺乏替代弹性的生产函数,论证了资本主义经济增长的不稳定性。然而,尽管他们的文章在当时引发了大量的研究,但其方法在后来的研究中很少被运用。现代经济增长理论的真正起点是拉姆齐(Ramsey,1928)的经典论文,在这篇文章中,拉姆齐提出了家庭跨期最优化的动态均衡分析方法,这一分析方法几乎在所有的现代经济增长模型中得到运用。

经济增长理论研究的第一个高潮发生在 20 世纪 50 年代。索洛(Solow,1956)和斯旺(Swan,1956)通过一个可以加总的、具有常规模报酬、每一要素边际报酬递减和正的、具有平滑替代弹性的新古典型生产函数,在假定经济具有不变储蓄率的前提下,构造了一个简单却又十分精致的分析框架,阐述经济增长的机制与过程,形成了新古典增长理论最基本的分析框架。在早期的索洛—斯旺模型中,经济增长表现为资本积累,而资本积累又由投资的收益率所决定。在规模收益不变的条件下,人均收入及其增长唯一地取决于资本劳动比率及其增长。由于投资的收益率取决于资本的边际收益率,而后者同样唯一地取决于资本劳动比率,在要素边际收益递减规律的作用下,资本的边际收益率将随着资本劳动比率的上升而不断下降。当资本的边际收益率趋近于零或低于某一贴现值时,资本积累的速度将不会超过劳动力投入的增长速度,资本劳动比率趋于稳定,人均收入趋于某一固定水平。早期的索洛—斯旺模型的最大贡献,就在于提出了总量生产函数的概念并解决了哈罗德—多马模型的"刀锋"状增长路径问题,但模型本身与现实相距较远,如果抛开外生不变储蓄率这个与经验事实难以吻合的假定,早期的新古典增长模型关于长期增长的悲观结论,也无法与观察到的人均收入超过一个世纪的持续正的增长率且增长率并没有明显下降的经验事实相一致。

卡斯(Cass,1965)和库普曼斯(Koopmans,1965)将拉姆齐的跨期动态最优化分析方法引入新古典增长模型,解决了储蓄率内生决定问题,并为新古典增长理论提供了一个坚实的微观基础。为避免马尔萨斯和李嘉图式悲观结论的出现,后期的新古典增长模型通过假定存在一个外生技术进步,使增长模型产生一个长期的正的人均收入增长率,这在一定程度上使得模型能够与增长事实相吻合。但显而易见的是,模型仍然存在着重大缺陷,因为人均收入的长期增长完全取决于一个模型外的外生因素,模型解释了一切但无法解释长期增长。

正是因为新古典增长理论的上述缺陷,经济学家寻求各种方法解决技术进步的内生决定问题,这也推动了经济增长理论的研究在 20 世纪 80 年代出现了另一个高潮,形成了内生增长理论。早期的内生增长模型,如罗默(1986)、卢卡斯(Lucas,1988)、里贝罗(Rebelo,1991)是建立在阿罗(Arrow,1962)、谢辛斯基(Sheshinski,1967)和宇泽(Uzawa,1965)工作的基础之上的,并没有真正将技术进步引入增长模型。在这些模型中,因为广义的资本品(包括物质资本和人力资本)在经济发展过程中其边际报酬并不必然递减,因而增长是不确定的。同时,生产过程中的知识溢出和人力资本正的外部性,有助于减缓资本积累过程中资本边际报酬不断下降的趋势。

从 20 世纪 90 年代开始,一些经济学家抛弃了完全竞争的假设,开始在垄断竞争的框架下考察经济增长。罗默(1990)、阿洪和豪威特 (Aghion and Howitt, 1992)、格罗斯曼和赫尔普曼 (Grossman and Helpman,1991)等将不完全竞争与研发活动(R&D)纳入到经济增长框架中进行研究。在这些模型中,技术进步来自于有目的的 R&D 活动,这种活动以事后垄断权力的形式作为回报。假设知识是无止尽的,那么通过这一机制就可以使经济保持一个正的长期增长率。但由于不完全竞争的假定,创新活动的数量并不是帕累托最优的,因而长期增长依赖于政府的政策,如税收、法律与秩序、公共基础设施的供给、知识产权的保护、国际贸易规制、金融市场的发展等。在整个 20 世纪 90 年代直到最近,这一研究思路一直保持活跃,比如,对增长的规模效应的研究(琼斯,1999),分析技术进步是劳动增强型还是资本增强型(Acemoglu,2000),以及对增长过程中竞争作用的评价等(Aghion et al. ,2002)。

二、增长理论的收敛性涵义

由于内生增长理论提出了一系列新古典增长理论所无法容纳的经济长期增长的机制,因而哪种理论更接近现代经济增长的典型事实成为人们关注的焦点。卡尔多(Kaldor,1963)罗列了六条他认为代表了经济增长过程的典型事实:(1)人均产出持续增长,且其增长率并不趋于下降。(2)人均物质资本持续增长。(3)资本回报率近乎稳定。(4)物质资本—产出比近乎稳定。(5)劳动和物质资本在国民收入中所占的份额近乎稳定。(6)人均产出的增长率在各国之间差异巨大。第(6)条典型事实与跨国数据相当吻合,同时第(1)、(2)、(3)、(4)、(5)条典型事实也与当前发达国家的长期数据相一致。

在新古典增长理论中,投资没有任何外部性,资本的边际报酬是递减的,因而在资本边际报酬递减规律的作用下,单位资本存量增加而导致的产出增加在资本积累的过程中将趋于减小,进而导致经济的投资意愿和产出增长速度下降。因此,不论其他条件有什么样的差异,经济增长最终会趋于稳态。早期的新古典增长理论假定不同经济具有同样的结构参数和外生技术进步速度,因而这一理论预言不同经济的人均收入水平最终将会收敛,人均资本较低的经济将在人均指标上趋于更快增长,并且这种趋势的存在不依赖于任何其他条件。所以,新古典增长理论似乎能较好地解释卡尔多典型事实的前5条,但对于第(6)条典型事实,至少是早期新古典增长模型无法做出圆满的回答,因为对比卡尔多第(6)条典型事实,不依赖于任何条件的绝对收敛预言并不符合经验观察到的跨国人均收入差异持久存在的现实。

为了使理论与数据相统一,一些持新古典观点的增长经济学家从不同经济稳态结构参数存在差异出发,认为新古典增长模型在更为准确的意义上是预言条件收敛,即不同经济只有具有相同的稳态值,收敛才会发生。在假定不同经济系统稳态结构参数存在差异的情况下,一个经济距离其稳态位置越远,相对其稳态劳均资本更低的劳均资本水平才具有更高的回报率和增长率,人均指标的增长才能更快(巴罗、萨拉伊马丁,1995)。在一个最基本的新古典增长模型中,导致稳态位置差异的参数包括储蓄率、人口增长率和生产函数的特征(巴罗、萨拉伊马丁,1995);在一个扩展的新古典增长模型中,导致稳态位置差异的参数还包括人力资本积累率(MRW,1992);而在实证中,各种制度政策变量也是影响稳态指标的重要因素(巴罗,1997)。因此,在假定稳态结构参数存在较大差异的条件下,经济学家通过扩展新古典增长模型导出条件收敛假说,解释了不同经济人均收入差距扩大的增长发散现象,从而使新古典增长理论与卡尔多增长的典型事实统一起来。

与新古典增长理论不同的是,内生增长模型突破了要素边际报酬递减的束缚,在不变报酬甚至是递增报酬的框架下解释经济增长。通过引入各种阻碍要素边际报酬递减的因素,这一理论体系将从微观层次可以广泛观察到的影响经济增长的因素纳入到总量增长模型中,使得对经济增长机制的揭示更加深入,政策含义更加丰富。但是,由于突破了要素边际报酬递减的束缚,这一理论体系关于经济收敛性最初的预言与早期新古典增长模型正好相反,即不同经济人均收入的广泛差异是持久的,甚至会随着时间的推移而不断扩大。显然,内生增长理论相比新古典增长理论更符合卡尔多的六条经济增长典型事实,从而使得这一理论在20世纪80年代末和90年代初得到迅速发展。但是,与新古典增长理论最初难以解释广泛持久的跨国人均收入差异一样,内生增长理论不但难以解释发展中国家的经济增长,同时也难以解释经济史中"增长奇迹"事实的出现。比如,像东亚新兴经济体与中国在最近的几十年其人均收入水平在世界的位置迅速提高这样的事实。因此,一些研究者将技术扩散的机理引入内生增长模型中,说明通过学习和模仿领先者的技术,落后经济可以分享技术领先者技术进步的好处,进而实现技术赶超(格罗斯曼和赫尔普曼,1991;巴罗和萨拉伊马丁,1997)。这一类模型的基本思想是,如果模仿比发明更加便宜,那么一个经济距离世界前沿技术越远,并且具有相应的学习吸收能力,其技术赶超速度就越快。因此,考虑技术扩散的内生增长模型也有着类似于新古典增长模型条件收敛的内涵,内生增长理论在一定条件下也能解释不同经济人均收入水平趋于收敛的现象。

尽管新古典增长理论和内生增长理论都能够对经济收敛或发散现象做出解释,但两者仍然存在本质上的区别。第一个区别是导致收敛的机制,新古典增长理论揭示的收敛机制是报酬递减,而内生增长理论揭示的收敛机制是技术扩散。第二个区别是,新古典增长理论解释发散现象是建立在报酬递减的基础上,不管一个经济距离其稳态有多远,但就这个经济本身来说,它总是要收敛到它自己的稳态增长路径上,而基于技术扩散的内生增长模型在解释收敛现象时,并没有强调报酬递减,换言之,即使不同经济的人均收入水平出现收敛趋势,但对处于追赶中的落后经济来说,在某一个阶段出现不变报酬甚至是递增报酬都是有可能的。

三、经济收敛的主要机制

尽管不同的增长理论对于国家间或地区间在长期内,其人均收入水平是收敛还是发散,并没有给出一个清晰的结论,但根据经济增长理论所揭示的增长机制,仍然可以归纳出推动经济收敛与发散的主要机制。已有的研究对于导致经济收敛的机制区分,有"两机制"说、"四机制"说和"五机制"说。德·拉·福恩特(De la Fuente,2000)在一个关于跨国和跨地区收敛理论与实证的综述中,区分了新古典和技术赶超这两种主要的收敛机制。在国内,邓翔(2002)提出了"四机制"说,认为资本边际收益递减、技术进步、国家或地区内的经济结构变动和经济一体化都是导致经济收敛的主要机制。马瑞永(2006)认为存在五种收敛机制,即由资本收敛机制、技术收敛机制、劳动生产率收敛机制组成的主要收敛机制和要素价格机制、信贷—人力资本机制组成的辅助收敛机制。

从增长的视角考察,资本积累和技术进步是推动经济增长的最重要力量。从这个意义上讲,现实中经济收敛或发散的现象都是伴随着资本积累与技术进步而产生的,资本边际报酬是否递减、技术能否从领先者扩散到追赶者是决定收敛能否产生的主要机制。

经济收敛的第一个主要机制是资本边际报酬递减。资本积累是推动经济增长的一个非常重要的力量,在技术水平并不存在差异的前提下,资本边际报酬递减就成了收敛趋势能否产生的必要条件。这里所说的资本指的是广义资本,它不但包括传统的物质资本,也包括了人力资本。资本边际报酬递减是新古典理论的核心范畴,但在这里,它作为一种收敛机制存在并不完全是新古典的,即使投资存在一定的外部性,比如"干中学"(阿罗,1962)、人力资本外溢(卢卡斯,1988)、体现型技术进步(索洛,1960)等,但只要资本边际报酬递减这一规律不被破坏,收敛就可以预期。反之，如果资本边际报酬递减规律不能成立，投资的回报率随着资本存量的增加而增加，人均资本进而人均收入的增长就不会停滞，不同国家或地区之间人均收入水平及其增长率的差异在长期将会扩大。早期的基于"干中学"的内生增长模型（罗默，1986）就指出了不同经济系统收入差距扩大的可能性，在这一模型中，由于投资具有较强的正外溢，以至于从整个社会来看出现了报酬递增，这样，投资的外溢效应就会抵消单个资本的边际生产率下降趋势，进而使得资本积累的过程就是经济发散的过程。

经济收敛的第二个主要机制是技术扩散。技术进步是经济长期增长最重要的力量。内生增长理论对技术进步的微观机制进行了深刻的揭示，从这些微观机制来看，技术扩散之所以能够产生，主要是因为技术或知识或多或少地作为一种非竞争、非排他的公共品而存在。一方面，由于其公共品特征，发达国家或地区的先进技术可以通过贸易、外商直接投资（FDI）等渠道外溢到落后国家或地区。贸易作为技术外溢的一个重要渠道，是因为落后国家或地区通过技术贸易可以直接将先进技术、工艺和管理经验进口进来，推动本国、本地区技术水平的提高。FDI 作为技术外溢的一个重要渠道，是因为 FDI 可以通过以下几个途径带来技术外溢：第一，FDI 带来的新技术、新设备可以产生技术外溢；第二，通过子公司对当地雇员进行培训可以产生技术外溢；第三，FDI 通过跨国公司参与东道国竞争而产生的示范效应与竞争效应带来技术外溢；第四，FDI 通过跨国公司国外子公司所进行的大量 R&D 活动增强技术外溢效应；第五，FDI 还通过与本地企业的技术联系产生技术外溢。[1]

另一方面，技术或知识具有公共品特征，还意味着落后经济通过主动模仿、学习、吸收和消化发达经济的技术来推进技术进步。在现有文献中，格申克龙（Gerschenkron，1962）、阿布莫维茨（Abramovtiz，1986）等人在很早之前就揭示了技术扩散作为一种主要收敛机制的作用机理。格申克龙认为，由于可以利用发达国家的技术溢出效应实现赶超，后进国家具有"后发优势"，具体体现在以下三个方面：第一，后进国家

---

[1]　关于 FDI 对技术转移和扩散的影响可参见萨基（Saggi，2002）的一个综述。

或地区可以引进先进国家或地区的技术与设备,而这些技术与设备通常具有较高的技术水平;第二,后进国家或地区可以学习和借鉴先进国家或地区的成功经验,吸取其失败的教训;第三,后进国家或地区具有改变经济落后的现状和寻求工业化发展的强烈的"赶超"意识。阿布莫维茨也指出,如果后进国家有足够的能力,那么通过吸收和采纳国外技术来满足自己的需要,实现技术赶超,可以缩小与发达国家在技术水平方面的差距。

从广义上讲,制度也是一种知识,同样具有或多或少的公共品特征,通过制度变迁而产生的经济效率的提高也属于技术进步的范畴。经济学家(Olson, 1982; North, 1990; Acemoglu et. al, 2005)的研究表明,制度会改变经济的激励结构并对资源配置效率和经济生产率产生影响,制度差异是导致不同国家或地区人均收入水平及其增长率差异产生的根本原因。就制度变迁的机理来看,由于制度存在一定的公共品特征,因此可以通过学习与模仿来实现强制性制度变迁(林毅夫,1999)。所以,制度变迁与技术扩散具有类似的促进经济收敛的机理。

第二节 地区收敛与发散的一般机理

在经济增长的收敛性研究中,基于新古典增长理论的"条件收敛"(Conditional Convergence)假说、基于技术扩散理论的"技术赶超"(Technological Catch Up)假说和基于非线性增长理论的"俱乐部收敛"(Club Convergence)假说,是三个运用最为广泛的假说,这些假说揭示了地区收敛与发散的一般机理。由于不同假说所依据的增长理论的框架不同,为了更加直观地理解收敛与发散产生的一般机理,本节将在德·拉·福恩特(2000)的基础上,用一个简单的模型阐述上述三个假说的主要思想。

一、基本模型

考虑以下的经济:生产使用资本(K)与劳动(L)两种生产要素生产同质的最终产品(Y),最终产品既可以用于消费,也可以用于投资。生产函数采取以下的形式:

$$Y = \Phi K^{\alpha}(ABL)^{1-\alpha} = \Phi BALZ^{\alpha} \qquad (1.2.1)$$

式中，A 为劳动增强型技术水平，K 为包括物质资本和人力资本在内的广义资本存量，Z = K/ABL 代表单位效率工人的资本存量，α 为资本产出弹性。需要指出的是，通过对参数的不同假定，这一生产函数既可以转换成新古典增长理论所设定的生产函数，也可以转换为一般内生增长理论所设定的生产函数。

在式(1.2.1)中，B 为生产率系数，它是单位效率工人资本存量 Z 的一个函数，满足：

$$B(Z) = \begin{cases} \overline{B} & if \quad Z \geqslant \Theta \\ \underline{B} & if \quad Z < \Theta \end{cases} \qquad (1.2.2)$$

在式(1.2.2)中，Θ 为一个正常数，为门槛资本存量，$\overline{B}$ 和 $\underline{B}$ 为常数，且 $\overline{B} > \underline{B} > 0$。式(1.2.2)实际上描述的是经济增长的非线性特征，用于刻画俱乐部收敛的形成。①

根据内生增长理论的基本思想，资本积累可以作为引致经济发散的因素而存在，所以为了使报酬递增以一个最简单的形式出现，这里假定 Φ 是 Z 的函数，令 $\Phi = Z^{\beta}$，使之能代表与投资相关的外部效应。在这种情况下，劳均产出可以表示为：

$$Q = ABZ^{\gamma} \qquad (1.2.3)$$

在式(1.2.3)中，$\gamma = \alpha + \beta$，度量的是考虑到资本通过可能的外部性对生产率所产生间接贡献的资本规模报酬程度。从式(1.2.3)可以看出，劳均产出的增长是单位效率工人资本存量增加和技术进步共同的结果。对式(1.2.3)两边取对数并对时间 t 取微分，可以得到式(1.2.4)：

$$g_Q = g_A + \gamma g_Z \qquad (1.2.4)$$

1.2.4 式表明，经济劳均产出的增长率 g_Q 是经济技术进步速度 g_A 与单位效率工人资本存量增长速度 g_Z 的加权平均和。由于劳均产出的增长源于技术进步和单位效率工人资本存量的增长，下面将分别分析技术进步和单位效率工人资本存量增长的决定因素。

首先，分析单位效率工人资本存量增长的决定因素。假定经济的

---

① 关于俱乐部收敛的具体机理将在后面讨论。

投资率为 s，折旧率为 δ，可以得到以下的资本积累方程：

$$\dot{K} = sY - \delta K = sLQ - \delta K \qquad (1.2.5)$$

1.2.5 式中，$\dot{K}$ 为经济的资本存量增加额，由于单位效率工人资本存量 $Z = K/ABL$，因此，单位效率工人资本存量的增长速度，就等于资本存量的增长速度 g_K 与技术进步速度 g_A 和劳动力增长率之差。用 n 表示劳动力增长速度，将式（1.2.3）代入式（1.2.5），可以得到单位效率工人资本存量增长速度的表达式：

$$g_Z = g_K - g_A - n = s\gamma B Z^{\gamma-1} - (n + g_A + \delta) \qquad (1.2.6)$$

1.2.6 式中，$Z^{\gamma-1} = Q/(K/L)$ 是劳均资本的平均产品，将它代入式（1.2.4）得到劳均产出增长率的表达式：

$$g_Q = (1 - \gamma)g_A + \gamma s B Z^{\gamma-1} - \gamma(n + \delta) \qquad (1.2.7)$$

接下来，考虑技术进步的因素。根据内生增长理论，经济的技术进步是经济投入多少资源进行 R&D 活动（θ）的函数，同时，它也是技术赶超机会（b）的一个函数。技术赶超的机会 b 定义为经济本身的技术水平 A 与技术前沿 X 的对数差。因此，技术进步速度可以表示为：

$$g_A = \lambda\theta + \varepsilon b \qquad (1.2.8)$$

参数 ε、λ 分别度量的国家间或地区间技术扩散的速度和 R&D 的生产率。为简便起见，假定前沿技术进步速度外生不变，将式（1.2.8）代入式（1.2.7），得到劳均产出增长率最后的表达式：

$$g_Q = (1 - \gamma)(\lambda\theta + \varepsilon b) + \gamma s B Z^{\gamma-1} - \gamma(n + \delta) \qquad (1.2.9)$$

为了清晰地展示经济的转移动态（如果存在的话），可以将劳均产出的增长分为两个独立的过程，即资本积累和技术进步，从而归纳出过渡过程的增长特征。同时，为了方便归纳出不同情况下的收敛性特征，这里将假设存在两个国家（地区），一个是领先者，具有较高的劳均产出水平；另一个是追赶者，劳均产出水平相对较低。通过分析可以发现，由于存在相应的收敛或发散机制，资本积累和技术进步的每一个过程都可能导致国家（地区）间劳均产出出现收敛或发散的趋势。由于对经济增长主要收敛机制和经济增长过程认识上存在区别，不同研究从不同视角侧重于某一个过程分析经济收敛或发散现象产生的主要原因,从而形成了不同的理论假说。

二、基于新古典增长理论的条件收敛假说

根据式(1.2.3)的劳均产出表达式,假定 $Z \geqslant \Theta$,如果资本积累显示出报酬递增,即 $\gamma > 1$,投资收益会随着资本存量的增长而增长,模型将出现完全的发散现象,各国或各地区的人均收入或劳均产出将随着时间的推移加速增长,不同经济间的收入差异会无限制地扩大。这类似于早期的内生增长模型所描述的情形(罗默,1986)。如果 $\gamma < 1$,同时领先者与落后者的技术水平及其技术进步速度趋于一致,就回到新古典增长理论的路径上来了,即在新古典报酬递减规律的作用下,投资收益将随着资本存量的增加而递减,$Z^{\gamma-1}$ 是 Z 的递减函数。因此,从长期来看,$s\gamma BZ^{\gamma-1}$ 将与常数 $(n + g_A + \delta)$ 的水平线相交,交点为 Z^*,如图1-1所示。稳态的单位效率工人资本存量为:

$$Z^* = \left[Bs / (n + g_A + \delta) \right]^{1/(1-\gamma)} \tag{1.2.10}$$

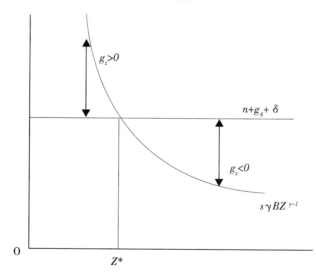

图1-1　资本收益递减条件下的资本积累动态

图中曲线为经济的储蓄曲线,储蓄曲线与直线 $n + g_A + \delta$ 相交时的资本存量为稳态资本存量 Z^*。当经济的资本存量小于 Z^* 时,$g_Z > 0$,经济的资本存量增加;反之,$g_Z < 0$,资本存量减少,所以 Z^* 为稳态均衡。

Z^* 所描述的长期均衡是稳定的。当劳均资本存量较低时,投资收益较高,单位效率工人资本存量增长率 g_z 为正,Z 随着时间的推移而增加;当 Z 较大并大于 Z^* 时,g_z 为负,Z 将减小。因此,经济将存在唯一的长期均衡,均衡位置由经济的储蓄率、稳态时的劳动力增长率、经济的折旧率、外生技术进步率和资本产出弹性等结构参数共同决定。当领先者与追赶者具有相同的结构参数时,绝对收敛的趋势将会出现,追赶者劳均产出比领先者趋于更快增长。在收敛性研究中,不依赖于其他条件,人均指标的增长率与其初始水平负相关,被称为绝对收敛。

尽管新古典增长理论强调资本积累过程中的报酬递减,但由于不同经济稳态结构参数存在差异,人均收入的差异仍将会持久存在,这是新古典增长理论条件收敛假说解释增长发散的主要逻辑。

假定领先者与追赶者满足 $Z \geq \Theta$,但在两个方面相异:第一,它们有不同的初始人均资本存量 $k(0)_{poor} < k(0)_{rich}$,第二,它们具有不同的储蓄率 $s_{poor} < s_{rich}$。如果其他条件相同,富裕经济由于具有较高的储蓄率,它的稳态人均资本将高于贫困经济,即 $k_{poor}^* < k_{rich}^*$。图 1-2 给出的是这两个经济增长的过渡动态。在这个图中,由于富裕经济具有较高的储蓄率,所以具有较高的稳态指标值。这样,即使富裕经济的初

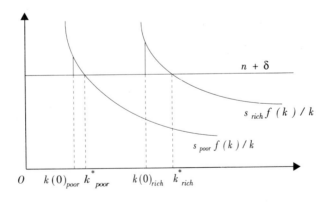

图 1-2　条件收敛

图中曲线为经济的储蓄曲线,在不考虑外生技术进步时,储蓄曲线与直线 $n+\delta$ 相交时的资本存量为稳态资本存量。由于富裕经济具有较高的储蓄率,经济距离其稳态的距离比落后经济更远,所以人均资本存量进而人均收入增速快于落后经济。

始人均资本水平比贫困经济更高,但其人均收入仍有可能比贫困经济增长得更快,因为前者距离稳态值的距离可能比后者更远。所以,巴罗、萨拉伊马丁(1995)认为,新古典增长理论实际上预言的是条件收敛,收敛的发生必须以稳态结构参数没有差异为前提。从式(1.2.10)可以清楚地看到,稳态指标依赖于一组结构参数 $(B, g_A, s, n, \delta, \gamma)$,只有这些稳态结构参数相同,人均指标的增长率与初始水平才存在负相关关系。这就是新古典条件收敛假说的基本思想。

三、基于技术扩散理论的技术赶超假说

根据式(1.2.9),相对技术效率的演进可能采取两种不同的方式。第一种形式是通过 R&D 所获得的技术进步。假定国家或地区间不存在技术扩散,即 $\varepsilon = 0$,那么对 R&D 投资更多的国家或地区的生产率将会获得较快的增长,对 R&D 不同的投入比例将出现不同的技术进步速度。在这种情况下,如果由于技术进步资本出现不变报酬现象,国家与地区之间的增长将出现持久的差异,人均收入的差距将随时间的推移而不断扩大,这与封闭条件下基于 R&D 的内生增长模型,如格罗斯曼和赫尔普曼(1991)的结论是一致的。第二种形式是由于技术外溢而产生的技术进步。如果经济系统存在着诸如格申克龙(1962)、阿布莫维茨(1986)等所指出的"技术赶超"效应,即 $\varepsilon > 0$,技术水平落后的经济将通过技术赶超缩小与先进经济的技术差距,所以两个国家或地区间的技术差距将会稳定在某个点上,在这一点上追赶者通过技术模仿获得的收益正好能够补偿其较低的 R&D 投资。

仍然假定存在两个国家或地区,一个是追赶者 f,另一个是领先者 l。定义追赶者与领先者的技术差距为:

$$b_{lf} = a_l - a_f = (a_l - x) - (a_f - x) = b_l - b_f \quad (1.2.11)$$

1.2.11 式中,b_l 和 b_f 代表每一个经济的技术水平距离前沿技术的距离,领先者与追赶者的技术差距满足以下方程:

$$\dot{b}_{lf} = \dot{a}_l - \dot{a}_f = \lambda(\theta_l - \theta_f) + \varepsilon(b_l - b_f) = \lambda(\theta_l - \theta_f) - \varepsilon b_{lf}$$

$$(1.2.12)$$

图 1-3 展示了 ε 取不同值时方程(1.2.12)的动态。

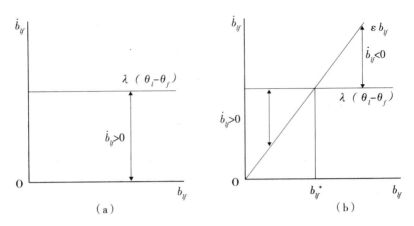

图 1-3 技术差距的演变

当 $\varepsilon = 0$，领先者与追赶者之间不存在技术扩散，假定领先者投入更多的资源用于 R&D，领先者将始终保持一个较高的生产率增长。作为结果，$\dot{b}_{lf}$ 始终为正且领先者与追赶者的技术差距无限扩大，如图 1-3(a)所示。

另一方面，当 $\varepsilon > 0$，εb_{lf} 直线为正斜率，与水平线 $\lambda(\theta_l - \theta_f)$ 相交，相交点的 b_{lf} 值记为 $b_{lf}{}^*$。在这种假定下，模型是稳定的：当 b_{lf} 低于其稳态 $b_{lf}{}^*$，$\dot{b}_{lf}$ 为正，即技术差距随时间增加；反之，则为负，即技术差距减小，如图 1-3(b)所示。因此，技术差距将收敛到固定值 $b_{lf}{}^*$。当 $\dot{b}_{lf} = 0$ 时，有

$$b_{lf}{}^* = \lambda(\theta_l - \theta_f)/\varepsilon \qquad (1.2.13)$$

式(1.2.13)显示，如果存在技术扩散，那么不同经济的技术水平的差距的变化将取决于一系列条件。第一，对 R&D 的投入差异，投入差异越小，技术差距越小。[①] 第二，技术扩散速度 ε，ε 越大，技术差距会越小。换言之，不同经济技术水平的收敛也是有条件的，取决于技术扩散的速度与经济模仿先进技术的能力。这就是基于技术扩散模型的技术赶超假说的基本思想。

在存在技术扩散的情况下，如果假定人均收入水平较低的经济的

---

① 对追赶者来说，R&D 的投入主要用于模仿领先者的技术。

技术水平也较低,那么检验技术赶超现象也可以使用新古典条件收敛检验方程。正是因为如此,一些批评者,如 Bernake and Gurkaynak (2001)认为,新古典条件收敛检验方程的成立并不意味着新古典增长模型是有效的。从跨国数据来看,主要工业国家的劳均产出是穷国的10 倍,按照新古典增长模型,如果资本的产出弹性为 1/3,意味着劳均资本的差距会达到 1000 倍,没有证据表明穷国与富国劳均资本存量会存在这么高的差异。再从资本报酬率来看,如果没有巨大的技术差异,穷国的报酬率理应高于富国,资本将由富国向穷国流动,但实际上这种流动并没有出现(卢卡斯,1988,1990)。基于此,布兰德和琼斯(Bernard and Jones,1996b)、豪尔和琼斯(Hall and Jones,1997)强调,技术差异而非劳均资本存量的差异更能说明国家间在劳均产出上的巨大差异。

四、基于非线性增长理论的俱乐部收敛假说

非线性增长对应于追赶者满足 $Z < \Theta$ 而领先者满足 $Z \geq \Theta$ 的情况,这种情况下的经济过渡动态类似于图 1-1,区别在于,即便领先者与追赶者具有同样的结构参数,但由于 B 的差异,领先者与追赶者将收敛于不同的稳态人均指标。在式(1.2.2)中,Θ 构成了经济发展的"门槛",当经济发展水平超过这一"门槛"时,即在模型中的单位效率工人资本存量高于 Θ 时,经济将收敛于高水平均衡 Z_h^*,当单位效率工人资本存量低于 Θ 时,经济将收敛于低水平均衡 Z_l^*,如式(1.2.14)和式(1.2.15)所示。这时,增长是非线性的,具有不同初始条件的经济形成不同的收敛俱乐部。

$$Z_h^* = \left[\overline{B}s/(n + g_A + \delta) \right]^{1/(1-\gamma)} \quad \text{if} \quad Z \geq \Theta \qquad (1.2.14)$$

$$Z_l^* = \left[\underline{B}s/(n + g_A + \delta) \right]^{1/(1-\gamma)} \quad \text{if} \quad Z < \Theta \qquad (1.2.15)$$

根据巴罗、萨拉伊马丁(2004),下面详细分析俱乐部收敛的形成机理。

假设存在以下情形,一个经济既可以获得传统技术,也可以获得现代技术,传统技术条件下的生产函数为:

$$Y_A = AK^\alpha L^{1-\alpha} \qquad (1.2.16)$$

现代技术条件下的生产函数为：

$$Y_B = BK^\alpha L^{1-\alpha} \qquad (1.2.17)$$

式中，$B > A$。但是，为了获得现代技术，经济在任何时刻都必须付出一个较大的固定成本，比如必要的基础设施条件等。假定这一成本可以用经济劳动力的一部分 $bL(b > 0)$ 表示，并且这一成本由政府通过税收来承担，对每位劳动力征税的税率为 b。将生产函数转换成人均形式，则第一个生产函数为：

$$y_A = Ak^\alpha \qquad (1.2.18)$$

由于采用现代技术的固定成本的存在，第二个生产函数具有如下形式：

$$y_B = Bk^\alpha - b \qquad (1.2.19)$$

这两个生产函数见图 1－4。如果政府决定付出一大笔固定成本，所有生产者将使用现代技术，假如政府不做出这样的决定，所有企业必须使用传统技术，明智的政府在 k 超过一个"门槛"值时将做出通过税收融资使生产者采用新的技术、从而增加劳均产出的决定。这个"门槛"值由下式给出：

$$\tilde{k} = [b/(B - A)]^{1-\alpha} \qquad (1.2.20)$$

式 (1.2.20) 显示，门槛值取决于固定成本的大小，以 b 来衡量；两种技术的生产率差异，以 $(B - A)$ 来衡量。固定成本越高，门槛值越高；两种技术的差异越大，门槛值越低。

假设政府在 $k \geq \tilde{k}$ 的情况下做出决定，劳均资本的增长率仍可以用基本的新古典增长模型给出：

$$\dot{k}/k = s \cdot f(k)/k - (\delta + n) \qquad (1.2.21)$$

式中，当 $k < \tilde{k}$ 时，$f(k) = Ak^\alpha$，当 $k \geq \tilde{k}$ 时，$f(k) = Bk^\alpha - b$。资本的平均产品可以见图 1－4，可以看出，当 $k \geq \tilde{k}$ 之后的一个阶段，资本的平均产品是递增的，而在其他阶段，资本的平均产品是不变或递减的。

在给定储蓄率的情况下，储蓄曲线也呈现出同样的趋势，见图 1－5。在劳均资本较低时，储蓄曲线是负斜率，接下来变成正斜率，最后又变成负斜率。储蓄曲线与 $n + \delta$ 直接相交三次，表明存在三个均衡。

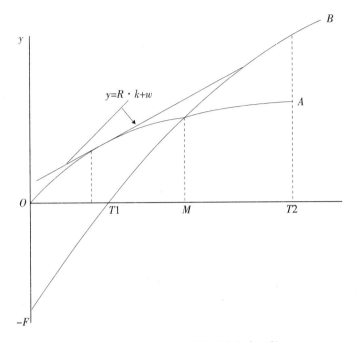

图 1－4　传统技术与现代技术生产函数

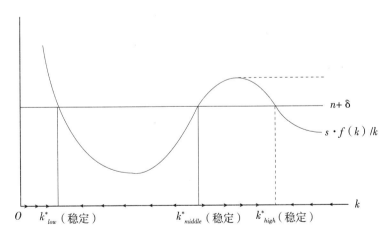

图 1－5　多重均衡

图中曲线为经济的储蓄曲线,在不考虑外生技术进步时,储蓄曲线与直线 $n+\delta$ 相交三次,产生三个均衡,但只有第一次与第三次相交时产生的均衡才是稳定均衡。

第一个均衡是低水平均衡 k_{low}^* 。假定 $k_{low}^* < \tilde{k}$,这一均衡具有与新古典增长理论稳态均衡同样的特征:当 $k < k_{low}^*$, $\dot{k}/k > 0$,当 $\tilde{k} > k_{low}^*$ 时, $\dot{k}/k < 0$ 。 k_{middle}^* ,均衡是不稳定的,因为 $\dot{k}/k < 0$ 出现在左边, $\dot{k}/k > 0$ 出现在右边。

因此,当经济从小于 k_{middle}^* 开始,会返回到低水平稳态均衡 k_{low}^* ;如果经济从大于 k_{middle}^* 开始,经济将最终收敛到储蓄曲线与 $n+\delta$ 第三次相交的均衡点 k_{high}^* ,这一均衡与新古典增长模型描述的稳态均衡具有同样的特征,因而它是稳定均衡,是一个高水平均衡。

综上所述,俱乐部收敛假说实际上是用增长的非线性来解释部分经济间出现收敛而总体上出现发散的经济现象。在这一框架中,经济增长在大多数时期存在新古典增长理论的收敛机制,但不同的是,在由低水平增长路径向高水平增长路径过渡时,存在阶段性报酬递增现象。

俱乐部收敛假说得到了广泛的实证支持。奎阿(Quah,1996)利用了 105 个国家相对收入进行研究,结果表明全球国家间的收入分布正从类似于正态分布的格局向"双峰收敛"的分布格局演化,对欧洲国家的研究,也同样发现"双峰分布"的证据。琼斯(1997)的研究也支持了奎阿的结论,他发现国家间的收入分布正从 1960 年的近似正态分布的局面演变成 1988 年的"双峰分布"。

第三节　实证研究中收敛的分类和检验

从一般意义上讲,收敛是指初始水平比较低的国家或地区,其人均收入趋于比初始水平比较高的国家或地区更快地增长。但是,在实证研究中,由于所使用的检验方法不同,关于收敛的概念存在着较大的区别。

一、收敛的分类

（一）β 收敛

在收敛性的实证研究文献中,最常见的收敛概念是所谓的 β 收敛,这一概念最初主要与截面回归方法和面板方法相联系,时间序列方法有时也使用 β 收敛的概念,但它与截面回归方法或面板方法的定义存在本质上的区别。β 收敛可以进一步区分为绝对 β 收敛和条件 β 收敛,前者是指不依赖于任何条件,穷国比富国趋于更快地增长,人均收入或劳均产出增长率与其初始水平呈现出显著的负相关关系;后者是指穷国比富国趋于更快增长需要满足一定的条件,人均收入或劳均产出增长率与其初始水平呈现显著的负相关关系必须以经济若干影响稳态位置的结构参数相同为前提。[①]

但是,奎阿(1993,1996)、弗里德曼(Friedman,1992)等认为,β 收敛的实质是不同经济的人均指标向样本中代表性经济收敛,所以他们认为收敛应理解为人均收入的截面数据的离差在长期趋于缩小,而存在 β 收敛并不意味着人均收入截面数据离差的缩小,这就引出了 σ 收敛的概念。

(二)σ 收敛

σ 收敛由于可以直观地度量不同经济单位的经济发展差距,因而这一概念最接近于现实中对于收敛的直观理解。如果在任意时点上 σ 指标存在 $\sigma_{t+1} < \sigma_t$,那么经济增长就存在 σ 收敛。在实际计算时,一般使用人均 GDP 或劳均 GDP 的对数标准差计算 σ 值:

$$\sigma = \left[\frac{1}{n} \sum (X_i - \bar{X})^2 \right]^{1/2} \tag{1.3.1}$$

1.3.1 式中,X_i 为样本观察值的对数值,$\bar{X}$ 为其均值。如果考虑到不同经济的异质性,比如人口规模的差异,也可以用相应的指标作为权重计算 σ 值:

$$\sigma = \left\{ \left[\sum (X_i - \bar{X})^2 P_i \right] \Big/ \sum P_i \right\}^{1/2} \tag{1.3.2}$$

在概念上,σ 收敛比 β 收敛更强,前者是后者存在的充分条件。[②]

---

① 由于 β 收敛是收敛性实证研究中最常见的一个概念,很多文献往往将 β 省略,将这两类收敛称为绝对收敛和条件收敛。本书中,在不会导致歧义的情况下,有时也将 β 省略。

② 关于 σ 收敛与 β 收敛关系的讨论,请见巴罗、萨拉伊马丁(1995)。

但在实证中,β 收敛的概念应用更为广泛,因为通过增长回归可以得到关于增长模型结构参数较为准确的估计结果,而这些估计结果通常都具有较强的政策含义。

(三)随机收敛

随机收敛的概念由布兰德和德劳夫(Bernard and Durlauf,1996)、卡里诺和米尔斯(Carlino and Mills,1996)等人提出,其思想如下:

两个经济 i 、j,其人均收入 y_i 、y_j 存在收敛,必须满足以下条件:

$$\lim_{k\to\infty}E(y_{i,t+k} - \alpha \cdot y_{j,t+k} \mid I_t) = 0 \qquad (1.3.3)$$

在式(1.3.3)中,如果 $\alpha = 1$,就认为存在随机收敛意义上的绝对收敛。需要注意的是,$\alpha = 1$ 只是两个经济的人均收入存在收敛的条件,但对于超过两个以上的经济,不同研究对于收敛的定义仍然存在差异,一部分研究将不同经济的人均收入与其代表性经济的背离程度作为度量收敛的指标,也有些研究将不同经济的人均收入与样本均值的背离程度作为度量收敛的指标。

存在随机收敛意味着,对于 t 期的给定可用信息集,长期预测的 i 经济和 j 经济的人均收入是相等的。这个定义和 β 收敛的根本区别在于当前一个可预期的人均收入差距的下降并不意味着最终差距的消失,因而随机收敛的定义更强,在检验上需要使用时间序列的方法,通过验证不同经济人均收入数据之间是否存在单位根或共同时间趋势来确定随机收敛成立与否。布兰德和德劳夫将随机收敛区分为强形式和弱形式。强形式意味着任意两个经济的人均收入的时间序列之间存在着单位根或共同时间趋势,而弱形式则意味着人均收入的时间序列之间存在着协整过程。由于随机收敛的定义暗含着长期预期收入的差距会接近于零,这在很大程度与现实世界存在一定距离;同时,在检验上需要一个较长的时间序列数据,从而限制了这一概念的使用。

(四)俱乐部收敛

俱乐部收敛指的是由于经济增长存在多重稳态均衡,所以只有结构特征相同、初始条件也相互接近的国家或地区才会最终收敛于同一稳态均衡。

关于俱乐部收敛的成因,文献给出了不同的解释。比如,盖尔勒

（Galor,1996）认为,在新古典增长理论中,储蓄率被视为是同质的,为收入的一个平均的固定的比例,而在现实中具有不同收入来源的经济当事人会有不同的储蓄倾向,这可能会改变资本积累函数的凹性特征,从而导致出现多个资本市场出清的均衡点。他所建立的模型表明,人们的收入来源不同影响到他们的储蓄行为,进而将影响稳态均衡增长率。所以,收入分配格局的变化也会引起经济增长的持久变化,即使初始时刻具有相同的人均产出,如果收入分配格局不同,也可能出现不同的稳态均衡增长路径。资本劳动比率初始值较低的经济,将收敛于低水平均衡;资本劳动比率初始值较高的经济,将收敛于高水平均衡,从而出现"俱乐部收敛"现象。德劳夫(1996)的研究也表明,在资本市场不完全以及人力资本生产函数存在非凸的情况下,也会出现"俱乐部收敛"现象,因为当父母以及当地的环境在其子孙的人力资本形成的效应上存在差异时,初始人力资本的分布会出现变化,这将影响经济的稳态均衡,因而在与人力资本生产函数非凸性因素的共同作用下,就会出现基于初始平均人力资本积累水平的收敛俱乐部。

二、实证检验方法

在上述关于收敛的不同的概念中,有的概念依赖于特定的实证检验方法,如随机收敛;也有些概念可以用多种实证方法进行检验,如 β 收敛。由于基于随机收敛的定义比较强,同时需要一个相对较长的时间序列样本,所以对于样本时期较短的研究主要采用截面回归、面板数据和收入分布动态方法;考虑到地区样本一般存在所谓的空间自相关（Spatial Auto Correlation）,因而地区收敛性的研究在最近一段时间也相当多地采用空间计量技术进行实证检验。本书的研究主要关注1978 年以来中国地区经济增长的收敛性,所以,这里将分别介绍除时间序列方法之外的其他常用的检验方法。

（一）截面回归方法

1. 绝对 β 收敛检验方程

截面回归方法是收敛性实证研究最常用的计量方法,通常用来检验截面样本的绝对收敛和条件收敛性。绝对 β 收敛的检验相当简单,通常所使用的计量模型是：

$$\log(y_{i,t+T}/y_{i,t})/T = \alpha + \beta\log(y_{i,t}) + \varepsilon_{i,t} \tag{1.3.4}$$

1.3.4 式中，$y_{i,t}$ 和 $y_{i,t+T}$ 分别为各地区 t 期和 t + T 期人均收入或劳均产出水平，T 为样本时期数，$\varepsilon_{i,t}$ 为随机误差项。通过这一模型可以检验初始人均收入或劳均产出水平与它的增长率之间的关系，如果存在 $\beta < 0$，即增长率与初始水平显著负相关，就认为存在（绝对）β 收敛。

利用式（1.3.4），巴罗（1991）对 98 个国家 1960～1985 年的人均收入增长进行研究后发现，人均收入的增长率与初期人力资本正相关，而与初期的实际人均 GDP 负相关。巴罗和萨拉伊马丁（1991）对美国 48 个州的收敛性进行了研究，回归结果表明各州间存在明显的绝对 β 收敛趋势，收敛速度为 2% 左右。在另一项研究中，巴罗和萨拉伊马丁（1992）使用类似的方法，对美国、日本和欧洲的区域收敛性进行了研究，回归结果显示在这组样本均存在绝对 β 收敛，并且收敛速度在整个数据集上都很相近，年均约 2%～3%。

2. MRW 检验方程

由于 β 值近似等于收敛速度，根据巴罗、萨拉伊马丁（1995），收敛系数 $\beta = -(1-\alpha)(x+n+\delta)$，其中，$\alpha$ 为资本产出弹性，x、n、δ 分别为外生技术进步速度、劳动力增长速度和折旧率。如果假设基准值 $x = 0.02$，$n = 0.01$，$\delta = 0.05$，那么对应资本产出弹性 $\alpha = 0.3$ 的收敛速度为 5.6%，这与巴罗等人所发现的稳定的 2% 左右的收敛速度相距甚远。基于此，MRW（1992）对标准的索洛模型作了扩展，将人力资本纳入检验方程之中，控制变量包括了储蓄率、人口增长率和人力资本积累率。

MRW 假定以下的生产函数：

$$Y(t) = K(t)^{\alpha}H(t)^{\beta}[A(t)L(t)]^{1-\alpha-\beta} \tag{1.3.5}$$

1.3.5 式中，Y 为总产出，K 为资本存量，H 为人力资本存量，A 是技术进步系数，L 为劳动，α 为物质资本产出弹性，β 为人力资本产出弹性。将产出转换为单位效率工人形式，则有：

$$y(t) = k(t)^{\alpha}h(t)^{\beta} \tag{1.3.6}$$

这里，$y(t) = Y(t)/[A(t)L(t)]$，$k(t) = K(t)/[A(t)L(t)]$，$h(t) = H(t)/[A(t)L(t)]$。

物质资本与人力资本积累方程分别用式(1.3.7)和(1.3.8)表示：

$$\dot{k} = s_k y(t) - (n + x + \delta)k(t) \tag{1.3.7}$$

$$\dot{h} = s_h y(t) - (n + x + \delta)k(t) \tag{1.3.8}$$

其中，s_k 和 s_h 分别是总投资中用于物质资本和人力资本积累的份额，x、n、δ 分别为外生技术进步速度、劳动力增长速度和折旧率。

稳态增长时，经济的人均物质资本与人力资本存量分别为：

$$k^* = \left[\frac{s_k^{1-\beta} s_h^{\beta}}{n + x + \delta}\right]^{\frac{1}{1-\alpha-\beta}} \tag{1.3.9}$$

$$h^* = \left[\frac{s_k^{\alpha} s_h^{1-\alpha}}{n + x + \delta}\right]^{\frac{1}{1-\alpha-\beta}} \tag{1.3.10}$$

人均产出为：

$$\ln\left[\frac{Y(t)}{L(t)}\right] = \ln A(0) + xt + \frac{\alpha}{1-\alpha-\beta}\ln(s_k) + \frac{\beta}{1-\alpha-\beta}\ln(s_h) -$$

$$\frac{\alpha+\beta}{1-\alpha-\beta}\ln(n + x + \delta) \tag{1.3.11}$$

根据1.3.11式，MRW 使用如下的计量方程进行收敛性检验：

$$\ln(y_T/y_0)/T = \alpha + \beta_1 \ln(s_h) + \beta_2 \ln(s_k) + \beta_3 \ln(n + x + \delta) + \beta_4 \ln y_0$$

$$+ \varepsilon \tag{1.3.12}$$

计量结果显示这一模型与萨默斯(Summers et al.,1988)的 1960 ~ 1985 年跨国数据相当吻合；同时，由于考虑到人力资本的影响，广义的资本产出弹性可以达到 0.7，这使得约 2% 的 β 收敛速度与其导出的扩展索洛模型的理论收敛速度相吻合。

3. 巴罗检验方程

MRW 计量方程实质上是一个条件收敛检验方程，因为模型假定，只有不同经济具有同样的物质资本积累率、人力资本积累率和劳动力增长速度，收敛才会发生。实际上，影响稳态的不仅仅是 MRW 模型所包含的因素，为了在更广泛的意义上检验条件收敛，根据巴罗、萨拉伊马丁(1995)，条件 β 收敛通常还使用如下的检验方程：

$$\log(y_{i,t+T}/y_{i,t})/T = \alpha + \beta\log(y_{i,t}) + \Psi X_i + \varepsilon_{i,t} \quad (1.3.13)$$

1.3.13 式中，$y_{i,t}$、$y_{i,t+T}$ 分别为 t 时期和 $t+T$ 时期的劳均产出，X_i 为一组控制变量，用于控制影响稳态位置的结构参数，$\varepsilon_{i,t}$ 为随机误差项。当检验结果出现 $\beta < 0$，即如果控制了结构参数的差异，人均收入或劳均产出的增长速度与其初始水平显著负相关，就表明存在条件 β 收敛。

4. 多尼克和罗格斯（Dowrick and Rogers）检验方程

根据第一节的介绍，导致经济收敛的主要机制有两个：一个是资本边际报酬递减，另一个是技术扩散。上述检验方程仅仅能检验出收敛机制的存在，却无法区分导致收敛的机制究竟是什么。为了检验不同收敛机制的作用，多尼克和罗格斯（2002）发展了一个检验方程用于同时检验新古典收敛机制和技术扩散收敛机制。他们的检验方程如式（1.3.14）所示：

$$g_{i,t} = c + \beta\ln(y_{i,0}) + \alpha(\dot{k}_i/k_i) + \varepsilon_i \quad (1.3.14)$$

式中，$g_{i,t}$、$y_{i,0}$ 和 $\dot{k}_i/k_i$ 分别表示劳均产出的平均增长速度、初始劳均产出与劳均资本存量的增长速度。这个检验方程的含义很明显，即在新古典条件收敛检验方程中引入资本变量，用于刻画资本积累在收敛中的作用，而把初始劳均产出解释为技术缺口，从而在一个检验方程中综合考察新古典收敛机制和技术扩散收敛机制的作用。如果 α 显著小于1，则表明存在新古典增长理论的收敛机制；如果 β 显著小于0，则存在技术扩散收敛机制。

5. 俱乐部收敛检验方程

通过式（1.3.15）可以检验截面样本的俱乐部收敛性：

$$\gamma_i = \beta_0 + \beta_1 area + \beta_2\log(y_{i,0}) + \varepsilon_i \quad (1.3.15)$$

式中，γ 为人均收入或劳均产出的增长率，y_0 为初始人均收入或劳均产出，area 为区域虚拟变量，对于需要检验的区域的地区取值为1，其他地区取值为0。如果 β_2 显著为负并且地区虚拟变量显著，就认为存在俱乐部收敛的趋势。

6. 简要评述

截面回归方法的最大优势是简单方便。因为不需要连续的观察值,便于在模型中引入各种具有理论根据的解释变量进行回归,因而检验结果具有丰富的政策含义。早期的收敛性研究大多采用了这一方法,如鲍莫尔(Baumol,1986)、巴罗、萨拉伊马丁(1991;1992)等,这些研究通常能够估计出一个2%左右的(条件)收敛速度。但是,这一方法的缺点也相当突出:第一,由于数据的可得性,截面回归的计量方程通常无法完全表现出经济系统的结构异质性,所以容易产生遗漏解释变量问题,进而可能会导致有偏估计。比如,在截面回归中,由于没有相应的变量刻画经济初始技术水平,其差异就可能会被残差项捕获,而初始技术水平又是稳态差异的一个决定因素,所以会导致有偏估计伊斯兰姆(Islam,1995)。第二,尽管截面方法可以方便地引进多个解释变量丰富实证检验的政策结论,但在回归方程中引入多个控制变量,当无法确认解释变量与被解释变量之间的因果关系时,也有可能产生内生性问题。在技术上,可以运用多种方法减轻内生性问题对估计结果的影响,比如通过工具变量的方法,但在实际运用上仍然存在相当的难度。

(二)面板方法

由于截面回归方法的遗漏解释变量和存在参数内生性问题,伊斯兰姆(1995)建议采用面板方法,巴罗(1997)也采用了面板方法对跨国增长的决定因素进行研究。目前,由于在综合截面和时间序列方面所特有的优势,面板方法已经成为收敛性研究中一种较为流行的实证方法。

根据伊斯兰姆(1995),基于MRW(1992)模型的面板数据估计模型为:

$$\ln(y_{t2}/y_{t1}) = \gamma \frac{\alpha}{1-\alpha-\beta}\ln(s_k) + \gamma \frac{\beta}{1-\alpha-\beta}\ln(s_h) -$$

$$\gamma\frac{\alpha+\beta}{1-\alpha-\beta}\ln(n+g+\delta) - \gamma\ln y_{t1} + \gamma\ln A(0) + g(t_2 - e^{-\lambda\tau}t_1) + \nu_{it}$$

$$(1.3.16)$$

式(1.3.16)中,$\gamma = (1 - e^{-\lambda\tau})$,$\lambda$ 为收敛速度,s_k 和 s_h 为分别为物质资本和人力资本积累率,α 和 β 分别为物质资本和人力资本的产

出弹性，ν_{it} 为随机误差项，n 为劳动力增长率，g 为外生技术进步速度，δ 为折旧率，$A(0)$ 为初始技术水平。

对于方程(1.3.16)来说，如果假定不同经济的初始技术水平存在差异，那么度量初始技术水平的参数 $\ln A(0)$ 就是固定效应，并且是不可观察的，因此，传统的截面回归方法存在着遗漏解释变量问题。面板方法可以通过差分去掉样本中的固定效应项，因而这一方法可以减轻回归分析中可能存在的不可观测的参数异质性对估计结果的影响。

最初的面板估计与截面回归方法的估计结果差异很大。很多研究发现，使用面板方法所估计出的收敛速度比截面回归方法2%左右的估计结果要高得多。除伊斯兰姆(1995)外，德·拉·福恩特(2000)发现欧盟国家年均收敛速度高达26%和39%。对于无法用一般理论模型解释的收敛速度，邦德等(Bond et al.,2001)认为，收敛性研究常用的一阶差分GMM动态面板方法使用变量的滞后值作为工具变量，当样本的时间序列项存在一个持久的趋势时，估计可能会存在较大的有限样本偏误，而产出序列数据一般都存在着持久的趋势，此时一阶差分GMM方法的变量滞后值是弱工具变量，所以他们推荐使用 system GMM 估计方法。运用这一方法，邦德等(2001)估计出类似于截面回归方法的大约2%的收敛速度。

与截面回归方法相比，运用面板方法尽管能减轻参数的异质性、内生性对回归结果的影响，但也存在着不少缺陷：第一，虽然估计结果是无偏的，但估计精度有限。这是各种面板估计方法共同存在的问题。第二，由于弱工具变量问题，具有明显时间趋势的解释变量的估计结果可能与预期矛盾，如人力资本，通常估计出的系数为负。第三，也是最重要的，面板方法通过差分消除了不同经济的异质性，尽管避免了计量上的问题，但却可能排除掉导致经济人均收入差异的重要因素。根据MRW(1992)，初始技术水平的含义相当广泛，既包括狭义上的技术水平，也包括制度、文化、地理等因素，而很多经济学家认为这些因素是导致不同经济人均收入差异的最根本因素(North,1990;Acemoglu et. al,2005)。因此，面板方法将一些引致增长的机制视作为"黑箱"，尽管从计量角度来看是一种"进步"，但从增长理论视角来看，在一定程度上这种方法的运用却是一种"退步"。

（三）收入分布动态方法

截面回归方法和面板方法主要是用于检验 β 收敛,但究竟什么样的收敛概念更能刻画增长理论所蕴涵的收敛性含义,在经济学家中仍然存在争议。对 β 收敛概念质疑最多的是奎阿(1993,1996)。奎阿认为,回归方法的结论只适用于代表性个体,所检验的 β 收敛也只是表明样本向代表性个体的收敛,而不是增长理论所揭示的后进国家向先进国家的收敛。同时,回归方法对于所有经济单位的收入分布在收敛或发散过程中的动态变化也无法描述。所以,他建议用收入分布动态方法研究收敛性,其主要思想是将国家或地区间的收入分布格局视为某种概率分布,然后考察它的特征及随时间变化的模式。在文献中较为常见的方法是利用核密度估计方法来估计收入分布的密度函数,这种方法的核密度估计量定义为:

$$f(x) = \frac{1}{Nh} \sum_{j=1}^{N} K\left(\frac{x_j - X}{h}\right) \qquad (1.3.17)$$

式(1.3.17)中,为 $K(\cdot)$ 为核函数。因为通常考虑的核函数为关于原点对称并且积分为 1,所以它也是个密度函数。X 为均值,x_j 为独立同分布观察值,N 为观察点数,h 为窗宽。核函数一般有高斯核、Epamechnikov 核、三角核、四次核等。以高斯核为例,其核函数的表达式为:

$$K(x) = \frac{1}{\sqrt{2\pi}} \exp\left[-\left(\frac{x}{2}\right)^2\right] \qquad (1.3.18)$$

窗宽为 $h_n = 0.9AN^{-1/5}$,A 为标准差。

奎阿(1996)运用收入分布动态方法研究了 105 个国家相对收入的分布变化,发现全球国家间的收入分布正从类似于正态分布的格局向"双峰收敛"的分布格局演化。与传统的回归方法相比,收入分布动态方法提供了更多关于经济增长变动模式的信息以及国家间收入差异的动态变化情况,但由于这一方法是一种非参数估计方法,估计结果很难在经济理论的背景下进行解释,并且通过这一方法找到对收入分布演变产生影响的因素,目前还存在技术上的困难。

（四）空间计量方法

由于地区样本相比跨国样本而言,样本数据之间并不是完全独立的,在大多数情况下,它们之间存在空间依赖(空间自相关),因而传统回归方法可能会存在严重的模型误设问题安塞林(1988)。近年来,在地区收敛性研究中,空间计量技术得到越来越多地运用。

一般来说,空间自相关的检验可以通过计算 Moran'I 统计量来进行,Moran'I 统计量的表达式为：

$$I = \left(\frac{n}{s_0}\right)\frac{\sum\limits_{i=1}^{n}\sum\limits_{j=1}^{n}w_{ij}x_ix_j}{\sum\limits_{i=1}^{n}x_i^2} \tag{1.3.19}$$

式(1.3.19)中,n 为观察值数量, $w_{i,j}$ 为 i,j 地区空间自相关权重矩阵 W 的元素, x_i 和 x_j 为区域 i 和 j 的观察值与其均值的离差, S_0 为标准化因子,等于权重矩阵的所有元素值之和。Moran'I 系数介于 1 与 -1 之间。它越接近于 1,说明越存在较强的正的空间自相关,越接近于 -1,说明越存在较强的负的空间自相关。空间权重矩阵的定义需要通过分析经济系统之间空间作用的方式和渠道而获得,对空间作用的不同理解,空间权重矩阵的定义也不同。通常采用的是二进制邻近矩阵,即如果地区 i,j 相邻,则 $w_{ij} = 1$,否则 $w_{ij} = 0$ 。

安塞林和雷(Anselin and Rey,1991)区分了两种不同的空间依赖:一种是真实的空间依赖,它反映了经济活动在空间上真实的相互作用,如不同经济体之间的技术溢出、商品和生产要素在不同地区流动等因素所产生效应;另一种是所谓的间接空间依赖,它是由于经济意义上的空间单元与观察样本的空间单元不一致而产生的。通常处理上述两种空间依赖问题所使用的模型是空间滞后模型和空间误差模型,其表达式分别为：

$$y = \lambda Wy + X\beta + \varepsilon \tag{1.3.20}$$

$$y = X\beta + (I - \rho W)^{-1}\mu \tag{1.3.21}$$

式中, y,X 分别为被解释变量和解释变量矩阵,W 是空间权重矩阵,参数 λ 为空间滞后系数, ρ 为空间误差系数, ε 和 μ 为误差项。空间滞后模型的含义是,在控制地区经济联系所产生的空间真实效应后,解释变量与被解释变量究竟存在什么样的数量关系,λ 捕获的是空间互动的真实效应;而空间误差模型则通过去除间接空间自相关的影响来估计解释变量与被解释变量的关系,ρ 捕获的是通过误差项引入的空间自相关效应。

雷和蒙托尼(Rey and Montuori,1999)分析了美国 48 个州 1929~1994 年期间的数据,发现人均收入及其增长率均存在明显的正的空间自相关。他们发现比较富裕的州趋于比相对较穷的州增长得更慢,这一现象可以用初始收入水平簇化与绝对收敛过程加以解释。李(UP Lim,2003)采用同样的方法分析了 1969~1999 年美国 170 个地区人均收入的收敛性,发现这些地区人均收入均存在着显著的绝对收敛,并且人均收入水平与人均收入增长都存在着显著的空间自相关。

空间计量技术能在一定程度上解决由于模型误设而产生的计量问题,但它也存在着自身的缺陷:一方面,估计结果严重依赖于空间权重矩阵的设定,用不同的空间权重矩阵进行估计,结果差异较大;另一方面,它在通过计量技术消除了经济单元在空间上相互作用效应的同时,也将那些通过地区之间的经济联系而影响收敛性的重要机制排除出模型之外,包括技术扩散、生产要素与商品流动等导致真实空间依赖性的因素对收敛性的影响无法在模型中得到体现。因此,如果这些因素对一些样本来说恰恰是导致收敛或发散的主要因素,运用空间计量技术进行研究很可能犯方向性的错误。

第四节 中国地区经济增长收敛性研究

近 10 多年来,随着中国地区差距问题的日益突出,通过各种实证方法考察中国地区经济增长收敛性的文献不断涌现,主要文献包括魏后凯(1997)、陈和弗雷希尔(Chen and Fleisher,1996)、蔡昉和都阳(2000)、刘木平和舒元(2000)、胡鞍钢和邹平(2000)、刘强(2001)、沈坤荣和马俊(2002)、德慕格等(Demurger et. al,2002)、林毅夫和刘培林(2003)、徐现祥和舒元(2004,2005)、刘夏明、魏英琪和李国平(2004)、王志刚(2004)等。由于所研究的阶段不同,使用的实证方法不同,样本的差异也比较明显,因而除了20世纪90年代以来不存在绝对收敛性外,关于中国地区经济增长究竟主要表现出什么样的收敛性特征,不同研究的结论仍然存在较大分歧。近期的综述可见刘夏明、魏英琪和李国平(2004)。本节将按照分析框架和计量方法、研究结论对已有的文献进行简单的梳理。

一、研究方法

在已有的研究中,大部分研究检验的是条件收敛性,这样的研究包括魏后凯、陈和弗雷希尔、蔡昉和都阳、刘木平和舒元、胡鞍钢和邹平、刘强、德慕格等、林毅夫和刘培林等;另一些研究则主要基于技术扩散假说,重点考察全要素生产率(TFP)的收敛性,这一类文献包括彭国华(2005)、刘黄金(2006)等。此外,还有一些文献在分析条件收敛性后又基于俱乐部收敛假说分析经济增长的俱乐部收敛性,如沈坤荣和马俊、王铮和葛绍攀(2002)、王志刚等。

表1-1给出了已有研究所使用的收敛概念及检验方法。

表1-1 已有研究使用的收敛概念及检验方法

收敛概念	检验方法	收敛性特征	代表文献
σ收敛		20世纪80年代早期存在,其他时期不存在	大部分研究
绝对β收敛	截面回归 空间计量方法	20世纪80年代早期存在,其他时期不存在 存在β收敛	大部分研究 陈晓玲等(2006)
条件β收敛	截面回归 固定效应面板估计 面板数据wls估计 一阶差分GMM估计	存在条件β收敛 存在条件β收敛 不存在条件β收敛 TFP存在条件β收敛	大部分研究 大部分研究 王志刚(2004) 彭国华(2005)
俱乐部收敛	截面回归 收入分布动态方法	三个收敛俱乐部 双峰趋同	沈坤荣等(2002) 徐现祥等(2004)
随机收敛	时间序列方法	全国样本在1978年后不存在随机收敛 两个收敛俱乐部 一个收敛俱乐部	大部分研究 陈安平等(2004) 滕建洲等(2006)

在具体计量方法的使用上,大多数早期文献使用截面回归方法,如魏后凯、陈和弗雷希尔、蔡昉和都阳、刘木平和舒元、胡鞍钢和邹平、刘强、沈坤荣和马俊、德慕格等。2002 年之后,大多数研究采用面板方法、收入分布动态方法和时间序列方法,如林毅夫和刘培林、董先安(2004)、王志刚、彭国华等人分别使用固定效应面板估计模型、固定效应面板数据广义最小二乘法估计模型、一阶差分 GMM 估计模型。除面板方法外,徐现祥和舒元等人采用收入分布动态方法;张胜等(2001)、陈安平等(2004)、滕建洲、梁琪(2006)、张鸿武(2006)等人采用时间序列方法;最近的研究中,空间计量技术开始得到运用,如陈晓玲、李国平(2006)、林光平等(2006)等。

二、主要结论

总的观点可以分成三类:第一类观点认为中国地区经济增长存在条件收敛性,如陈和弗雷希尔、林毅夫和刘培林、德慕格等、刘夏明、魏英琪和李国平等,影响因素除 MRW(1992)模型中的物质资本积累率、人力资本积累率、劳动力增长外,还包括地理、发展战略、制度、政策、发展阶段等一系列因素,以及初始人力资本存量、初始工业发展水平等初始变量,但侧重点有所不同。如德慕格等的研究结论认为地理与中央政府的倾斜政策(主要是开放政策)是影响 1978～1998 年期间地区差距的主要因素;林毅夫等认为地区自身的发展战略是解释 1978～1999 年期间地区差距的主要因素,符合比较优势的地区其经济发展相对较快。

另一类观点认为俱乐部收敛是中国地区经济增长收敛性的主要特征,主要包括王铮等、王志刚、徐现祥等、张胜等、陈安平等、滕建洲等,但在对收敛俱乐部的区分上存在分歧。王铮等认为,中国东、中、西部经济发展分别收敛于不同的均衡点,但他们认为目前已经出现国家整体上转向经济收敛的关键时期;王志刚则认为,中国存在三个大的收敛俱乐部,收敛速度从高到低分别为东、中、西部;徐现祥和舒元发现1978～1998 年期间,劳均产出呈现向"双峰分布"演进的趋势,这一结论实际上表明中国存在两个大的收敛俱乐部;陈安平和李国平发现,

1952～2001 年期间中国东部与西部内部存在着随机收敛,张鸿武持有同样的看法,但滕建洲和梁琪却认为 1952～2003 年中国地区时间序列数据,仅仅东部存在随机收敛意义上的俱乐部收敛,而东部与中西部则存在随机发散。

还有一类观点认为,中国地区经济增长既存在着条件收敛性,同时也存在俱乐部收敛趋势,这一类文献主要有蔡昉和都阳、沈坤荣和马俊。蔡昉和都阳认为,中国地区差距要由东部、西部之间的差距来解释,具体的影响因素包括各地市场化、开放度的差异以及劳动参与率、投资率和投资效率的差异等。沈坤荣和马俊则认为,中国地区经济增长存在条件收敛的特征,但由于中央政府采取的市场化改革在空间上由东部沿海向中西部内地逐级推进,中国地区经济增长也表现出俱乐部收敛的特征。

总体而言,绝大多数研究依据的是条件收敛假说,根据这一假说所揭示的影响地区收敛性的主要机制来解释中国地区经济增长收敛性特征,但由于中国的体制背景在 20 世纪 90 年代前后发生了重大变化,一些因素的增长效应在不同时段的样本中截然相反,比如初始农业份额(董先安,2004);部分研究运用技术赶超假说解释增长差异;也有一些研究用俱乐部收敛假说来解释中国的地区差距,但并没有给出详细的机理分析。除此之外,几乎没有研究关注转型过程中是否存在报酬递增的可能性。[①]

表 1-2 给出了已有研究的主要结论。

表 1-2 已有研究的主要结论

影响因素	分析框架 (实证结果)	影响机制	效应	代表文献
人口增长率 劳动力增长率 资本形成率	新古典条件收敛假说 (条件收敛)	降低稳态产出水平 降低稳态产出水平 提高稳态产出水平	(-) (-) (+)	大部分 研究

---

① 当然,一些研究基于新经济地理理论论述了报酬递增的可能性,但这些研究通常并不涉及经济收敛性。

影响因素	分析框架 （实证结果）	影响机制	效应	代表文献
初始人力资本 人力资本积累率	新古典条件收敛假说 技术赶超假说 （条件收敛）	提高稳态产出水平 促进技术扩散	（＋） （＋）	大部分 研究
初始农业份额 初始工业化水平	新古典条件收敛假说 （条件收敛）	早期具有正效应， 近期为负效应 结构转变	（－/＋） （＋）	董先安 （2004） 沈坤荣等 （2002）
市场化水平 对外开放水平 FDI 政府消费 基础设施水平	新古典条件收敛假说 技术赶超假说 （条件收敛）	促进私人投资 工业化 促进技术扩散 经济扭曲 促进投资	（＋） （＋） （＋） （－） （＋）	蔡昉等 （2000） 德莱格 等（2002）
地理	俱乐部收敛假说 （俱乐部收敛）	不平衡发展政策	显著	德莱格等 （2002）
赶超发展战略 开放政策 财政政策	新古典条件收敛假说 俱乐部收敛假说 （条件收敛、俱乐部 收敛）	经济扭曲 产生多重均衡 差别化税制	（－） 显著 （＋）	林毅夫等 （2003） 沈坤荣等 （2002） 马拴友等 （2003）

注:（－）表示对经济增长具有负效应,（＋）具有正效应。

第五节　简要评论

20 世纪 90 年代以来增长经济学发展的一个重要方向是力图用实证的方法使理论与现实相统一（巴罗、萨拉伊马丁,2004）。收敛性研究正是这一潮流的最重要的产物。然而,收敛性研究作为增长经济学发展最快的领域,在实证方法上的进展远远快于机理分析上的进展。

从已有关于中国地区经济增长收敛性的研究来看,重实证检验轻机理分析的现象同样存在,由于不同理论体系对导致地区间收入差异的主要因素和主要机制的看法存在重大分歧,导致了各种流行假说相互之间很难统一。不同假说的严重对立,难以就地区间的收入差距做出一个逻辑一致解释,进一步研究经济收敛性的形成机制和机理,显然尤其必要。

第一，面对复杂的经济系统，不同的假说侧重于用单一的收敛性形成机理解释收敛或发散现象的出现，很难得到较为全面准确的结论。理解国家之间收入差异的一个基本步骤是，这些差异在多大程度上归因于实物资本积累的差异、人力资本积累的差异，又在多大程度上归因于制度、技术以及地理因素的差异。标准的新古典增长模型，将差异的主要决定因素归结为物质资本、人力资本积累率的差异和人口增长率的差异等因素，显然无法与跨国数据相吻合。研究发现，即使将人力资本积累率的差异考虑在内，也只能解释跨国人均收入差异的一小部分。比如豪尔和琼斯（1997）的研究就表明，穷国与富国之间的差异只有1/6来源于人均资本密度的差异，不足1/4来源于接受教育的差异，这表明在直接决定劳均产出差异的那些因素背后还有更为重要的决定力量。类似的研究与结论也见于克莱劳和罗格里格斯（Klenow and Rodriguez-Clare，1997）。但是，同样有经验研究证明，投资特别是设备投资与经济增长存在较强的正相关性，如德隆和萨默斯（Delong and Summers，1993）的研究。从所观察到的近半个世纪发展成功的国家与地区经济高速增长的经验来看，大多数经济都具有较高的资本形成率，比如日本1961～1970年期间经济增长率为10.2%，相应的投资率高达32.6%；韩国1981～1990年的增长率为9.2%，投资率也高达29.6%（Kwan，2004）。这至少说明，用同一种增长机制解释所有国家或地区的增长，用同一个收敛性假说解释所有经济的收敛性，显然是勉为其难的。

第二，主流假说忽略了经济增长的阶段性特征，将处于不同发展阶段的经济用同一个增长机制去解释，同一组发展指标进行度量，显然也无法全面理解经济收敛性所出现的阶段性变化。早期的发展经济学家相当强调发展阶段的重要性，古典的二元经济学家如刘易斯等强调在工业化发展初期，劳动力从农村传统生产部门转移到城市现代部门，可以快速推进工业化与经济增长（Lewis，1954，1955；Ranis and Fei，1961）；而罗斯托（Rostow，1960）的"起飞"理论则强调，一个国家如果进入起飞阶段，经济将迅速实现由停滞到快速增长的转变。因此，库兹涅茨（Kuzents，1963）、威廉姆森（Williamson，1965）提出了著名的收入差距倒 U 型变化假说，指出地区差异、收入差异的存在与特定的发展阶段相联系，并随着发展阶段的变化而改变，呈现出先扩大后缩小的倒 U 型变化动态特征。这些都不是主流收敛性假说所能解释的。显然，收敛性研究将那些尚停留在传统社会的经济，如非洲的一些落后国家，与现代化程度高度发达的社会，像美国、日本等国家放到一起进行研究，是不适宜的。即使能够得到一些结论，它对于落后国家的发展是否具有针对性也值得怀疑。事实上，在三个主流假说中，俱乐部收敛假说相对来说更接近经济增长的现实，用它来解释跨国人均收入差异具有一定的合理性。但是，经济史的证据表明，没有一个经济会长期停留在不发达阶段，每一阶段都有增长奇迹的发生，而导致这种增长奇迹出现在不同阶段具有不同的决定因素，如国家独立、外部环境的变化、适应当时环境的发展政策等，因而俱乐部收敛不论就现象来说还是就它的内在机理来说，都会随着环境的变化而变化。

第三，即使某一个假说能够大致上解释收敛或发散的形成机理，但也要考虑到其他机制的影响以及随环境变化收敛与发散的主要机理是否出现变化。在前面的分析中，并没有将技术赶超的动态与资本积累的动态结合起来考察经济的过渡动态。从长期来看，由于技术赶超并不能使落后经济达到发达经济的技术水平，给定发达经济的技术进步速度，落后经济稳态时技术进步也是给定的，所以技术进步的动态特征对经济均衡状态并不会产生明显的影响；但从短期来看，其技术赶超动态将可能改变经济的阶段性过渡动态特征。在通常的技术赶超模型中，追赶者的技术进步速度是其与领先者技术差距的增函数，因而如果追赶者与领先者在技术水平上的差距足够大时，通过学习和模仿而产生的一个较高的技术进步速度有可能会抵消资本报酬递减的影响，进而可能会出现阶段性报酬递增的趋势。这样，由于阶段性资本报酬递增，追赶者与领先者的劳均产出及其增长在某一阶段的差距缩小可能并不能用新古典增长模型来解释。但是，阶段性收敛趋势并不能改变长期的收敛性特征，由于追赶者技术进步的速度会随着与领先者技术差距的缩小而下降，因而只要新古典报酬递减机制仍然存在，从长期来看仍然有可能出现收入差距扩大的趋势。

第四,即使在某一特定阶段某一个假说能够大体上解释经济收敛或发散的原因,但具体的形成机理仍需要进一步分析。比如新古典增长理论否认投资所具有的外部性,包括物质资本与人力资本的投资外部性。但事实上存在着诸如阿罗(阿罗,1962)所指出的"干中学"效应和卢卡斯(卢卡斯,1988,2001)所描述的人力资本外溢效应。在这种情况下,收入差异就不会单纯像新古典条件收敛假说那样,与经济的初始发展水平无关。更进一步看,如果发展阶段的不同,造成了不同经济的这种投资外部性以不同方式变化,那么仅仅在条件收敛方程中纳入初始条件变量来度量它对经济增长的影响而不具体分析其影响机理,仍然无法对经济增长的收敛性特征特别是它的动态特征有一个更为准确的理解。

第二章　中国地区经济增长收敛性
及其动态特征

总体而言,除在改革开放以后并不存在绝对收敛趋势之外,已有的文献对于中国地区收敛性特征特别是地区差距的形成机理方面并没有形成相对统一的看法;同时,已有的研究所考察的时期大多数截至 21 世纪初,在实证方法上也较单一,因此对于中国地区经济增长究竟表现出什么样的收敛性特征特别是动态特征仍有进一步研究的必要。① 本章将主要完成这方面的工作。

本章所使用的实证方法包括截面回归方法、面板方法、收入分布动态方法和空间计量方法,由于样本长度有限,本章没有使用时间序列方法进行检验。同时,与以往文献不同的是,本章将着重考察中国地区经济增长收敛性的动态特征,因为处于转型之中的中国经济,各阶段的体制背景差异较大,地区经济增长必然会在各个阶段表现出不同的收敛性特征。

第一节　数据来源

本章的主要数据来自于中国国家统计局出版的《新中国五十年统计资料汇编》以及《中国统计年鉴》(1985～2007)等统计资料所提供的统计数据。尽管各省、区、市的统计年鉴一般比《中国统计年鉴》提供更多翔实的分省数据,但因为每年国家统计局均对各地上报的增长数

---

① 但陈晓玲、李国平(2006)通过空间计量技术检验,认为 1978～2004 年期间的样本存在 β 收敛。

据做出调整,我们有理由相信,使用《中国统计年鉴》的数据比使用地方统计年鉴的数据更为保险。当然,如果《中国统计年鉴》某个地区某一时期的数据存在缺失,本章也用地方统计年鉴的数据进行补充。由于国家统计局对 2001 年之后各省的地区生产总值进行了调整,因而 2001~2005 年各省、市、区 GDP 数据来自于 2007 年的《中国统计年鉴》。①

与大多数研究者一样,我们在研究中多次遇到数据缺失问题。对此,本书采取了以下两种办法:第一,用相邻年份的数据进行算术平均得到缺失数据;第二,用相邻地区的数据代替。具体采用哪种方法,将在使用中加以说明。

(1)地区。重庆市于 1996 年年底从四川省划出成为独立核算的直辖市,由于缺乏以往的历史数据,重庆地区没有被包括在样本之中。西藏地区数据由于缺失较多,本章仅将人均 GDP 包括在样本之中,劳均 GDP 的数据没有将其包括在内。总体上,本书所考察的样本一共包括 29 个省、自治区和直辖市,包括北京、天津、山东、河北、上海、江苏、浙江、福建、广东、辽宁、黑龙江、吉林、内蒙古、山西、河南、安徽、江西、湖北、湖南、广西、海南、四川、云南、贵州、陕西、甘肃、宁夏、青海和新疆。

基于俱乐部收敛特征考察的需要,按照文献通常的做法,本书将样本中的 29 个省、市、自治区分成三个区域,东部区域包括北京、天津、河北、辽宁、上海、江苏、浙江、福建、山东、广东和海南 11 个省份,中部区域包括山西、吉林、黑龙江、安徽、江西、河南、湖北和湖南 8 个省份,西部区域包括内蒙古、广西、四川、贵州、云南、陕西、甘肃、宁夏、青海和新疆 10 个省份。

(2)产出。为了消除价格波动因素的影响,本书对产出数据进行了平减。具体的做法是,先将各地区各年 GDP 指数(以上年为 100)换

---

① 本章的实证研究大多数样本截至 2006 年,最近两年的数据并没有包含在内。因为根据本书的研究,中国的地区收敛性在最近几年发生了变化,考虑到这一因素,最近两年的实证分析在第六章以统计描述的方法进行。

算成统一的 1978 = 100 的 GDP 指数,然后根据统计年鉴获得的各地区按当年价格核算的 GDP 数据,按照 1978 = 1 对历年 GDP 进行平减,获得各地区历年实际 GDP 数据。

(3)人口与劳动力。本书选取的人口指标为统计年鉴公布的各地区年末总人口。由于缺乏足够的数据,本书的劳动力指标用从业人员数量而不是劳动量来衡量。统计年鉴历年均公布了各地区按三次产业分类的就业人员数,这一指标与其他指标相比在口径上变化不大,因而本书使用这一指标。由于统计口径的变化,2006 年的统计年鉴缺少分省三次产业的总就业人数,本书依据各省 2005 年的劳动参与率,按照 2006 年的人口数据进行了补充。[①]

(4)人均实际 GDP 与劳均实际 GDP。[②] 人均实际 GDP 可以按照人均 GDP 指数进行平减,但由于统计年鉴所公布的分省人均 GDP 指数缺失较多,最近几年的统计年鉴也开始不公布这一指标,因而本书采用历年各地区实际 GDP 除以年末总人口的方法获得各地区历年人均实际 GDP 数据;劳均实际 GDP 按照类似的方法,用历年各地区实际 GDP 除以年末从业人员数的方法获得。

(5)物质资本与人力资本积累率。物质资本与人力资本积累率是新古典增长模型刻画稳态指标最重要的两个结构参数。在统计年鉴所公布的数据中,有两个指标可以用于代表物质资本积累:一个是全社会固定资产投资额,另一个是资本形成,两者最主要的区别是后者包括了存货。很多实证文献用全社会固定资产投资额除以当年 GDP 的名义值作为投资率指标,这在增长回归中是可以的,但更为准确的是用资本形成率作为投资率指标,因为在理论上存货是投资的一部分。除非特别指出,否则本书一般采用资本形成率度量物质资本积累率。

对于人力资本的估算,在增长文献中有多种方法。巴罗(1997)以 25 岁以上男性受中等和高等教育的平均年限、寿命预期的对数以及初

---

① 在理论上,劳动这一生产要素用工时数来度量更为准确,但由于数据的原因,本书只能与绝大部分文献一样用劳动力数量来度量。

② 除非特别说明,本书的人均 GDP 与劳均 GDP 均为 1978 年价格的实际值。

始 GDP 对数与男性受中等和高等教育的平均年限的交互项(乘积)三个变量代表初期人力资本,MRW(1992)以工作年龄人口在中等学校中的比例作为人力资本积累率的代理变量,沈坤荣等(2002)用在校大学生人数代表各省的人力资本存量,王志刚(2004)用初期入学率指标作为人力资本积累率的代理变量。巴罗和 MRW 的方法缺乏完整的数据,而入学率指标在最近的统计年鉴中已不公布,因而本书参照沈坤荣等(2002)的做法,用高校在校学生数度量人力资本,以高校在校学生数占总就业人数(万人)的比例作为人力资本积累率的代理变量。当然,这样的度量方法也比较粗糙,但由于本书主要研究的是地区经济增长的收敛性动态特征,人力资本对经济增长的作用并不是本书关注的重点;同时,关于用什么样的指标度量人力资本目前仍有争议,从中国的可得数据和具体实际出发,使用各地区高校在校学生数占总就业人员比例这一指标仍是可行的。

(6)外生技术进步速度及折旧率。本书检验条件收敛的模型是扩展 MRW 模型,因而劳动力增长必须以 $(n+g+\delta)$ 形式出现。MRW 假定了 $g+\delta=5\%$,王志刚(2004)则假定了 $g+\delta=8.5\%$,本书的研究参照 $MRW(1992)$ 的做法,取 $g+\delta=5\%$。

(7)外商直接投资(FDI)。本书在检验地区经济增长的条件收敛性时,将 FDI 作为控制变量,分析 1993 年之后地区经济增长的条件收敛性。本书所使用的 FDI 为各地区实际利用外商直接投资数额,1993～2005年的数据都可以在相应年份的《中国统计年鉴》中找到,但《中国统计年鉴2007》缺乏这样的数据,因而 2006 年的数据为各省统计年鉴公布的数据。由于各地区经济总量差异较大,本书在 FDI 按统计年鉴公布的当年平均汇率换算成以人民币为计量单位后,以当年 FDI 占名义 GDP 的比例来度量 FDI。

第二节　省际截面数据考察

一、σ 收敛性

σ 收敛性考察的是不同经济人均收入水平的离差随时间的变化趋

势。从理论上讲,σ 收敛是 β 收敛存在的充分条件,一旦存在 σ 收敛,就必然存在 β 收敛,因而大多数收敛性研究都是从考察 σ 收敛性开始的。在经验研究中,常见的是用人均(劳均)GDP 自然对数的标准差来考察 σ 收敛性,如式(2.2.1)。

$$\sigma = \left[\frac{1}{n} \sum (X_i - \bar{X})^2 \right]^{1/2} \qquad (2.2.1)$$

2.2.1 式中,X_i 为各省人均(劳均)GDP 自然对数,$\bar{X}$ 为其均值。

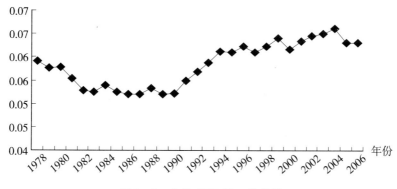

图 2 - 1　人均 GDP 的 σ 收敛性

图 2 - 1 为 1978 年至 2006 年期间历年除重庆和台湾地区外中国各省、市、自治区人均 GDP 的自然对数标准差。从图 2 - 1 中可以看出,改革开放以来,中国地区人均 GDP 的 σ 收敛性特征明显可以划分为五个阶段:第一阶段从 1978 年到 1983 年,σ 收敛比较明显;第二阶段从 1984 年到 1989 年,σ 值变化不大,表明这一阶段不存在或最多存在微弱的 σ 收敛;第三阶段从 1990 年到 1994 年,σ 值呈逐年上升的趋势;第四阶段从 1995 年到 2003 年,σ 值总体上是上升的,但幅度较小;第五阶段从 2004 年到 2006 年,σ 值又重新下降,再次出现微弱的 σ 收敛迹象。总体而言,1978～1989 年期间,中国地区人均收入呈现出微弱的 σ 收敛,表明这一阶段存在一定的绝对收敛趋势。而 1993～2006 年期间的 σ 值出现了较大幅度的上升,表明这一阶段可能并不存在任何绝对收敛的趋势。从 1978～2006 年整体来看,中国地区人均 GDP 并不存在 σ 收敛,这说明改革开放以来,中国地区经济增长可能并不

存在绝对意义上的 β 收敛。

由于增长理论的收敛性含义是针对劳均产出而言的,所以本书将主要考察劳均产出的收敛性。图 2 - 2 给出的是 1978 年至 2006 年除重庆、西藏和台湾地区外省际劳均产出的 σ 值变化情况。从总体上看,劳均产出 σ 值的变化与人均收入较为类似,因而从劳均产出角度考察,中国地区经济增长可能同样并不存在绝对意义上的 β 收敛。但与人均产出的 σ 值变化有所不同的是,1982 ~ 1989 年,劳均产出的 σ 值是上升的,而同期人均收入却存在弱 σ 收敛;同时,2000 年之后劳均产出 σ 值开始缓慢下降,这比人均收入的 σ 值下降提前了 4 年,这一动态模式似乎提示劳均产出的 σ 值是人均收入 σ 值变化的先行指标。

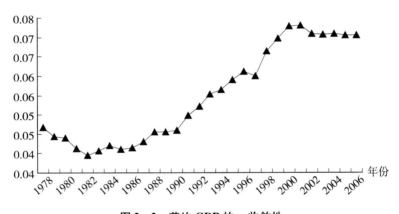

图 2 - 2 劳均 GDP 的 σ 收敛性

二、β 收敛分段检验

β 收敛说明的是初始人均收入或劳均产出水平较低的经济比初始人均收入或劳均产出水平较高的经济,其人均收入或劳均产出的增长率更高,即人均收入或劳均产出增长率与其初始水平负相关。通过考察 σ 收敛性已经发现,1978 年以来,中国地区人均收入或劳均产出尽管在总体上并不存在 σ 收敛,但存在阶段性 σ 收敛,这意味着可能存在阶段性 β 收敛。本书用式(2.2.2)检验 β 收敛:

$$\log(y_{i,t+T}/y_{i,t})/T = \alpha + \beta\log(y_{i,t}) + \varepsilon_{i,t} \qquad (2.2.2)$$

2.2.2 式中, $y_{i,t}$ 和 $y_{i,t+T}$ 分别为各地区 t 期和 t + T 期劳均产出水

平,T 为样本时期数。根据 σ 收敛性的动态特点,这里分五个阶段:
1978～1983 年、1984～1989 年、1990～1995 年、1996～2001 年、2002～
2006 年,分别考察各个时期劳均产出的 β 收敛性。回归结果见
表2-1。

　　由表2-1,分段回归的结果与 σ 收敛分析的结果类似:1978～
1983 年样本 β 系数为负,并且在90%水平下显著,表明 1978～1983 年
期间的各地区劳均产出存在绝对收敛,收敛速度约2%;1984～1989 年
样本的回归系数为正,但系数估计值较小,表明这一阶段并不存在绝对
收敛,但发散的特征在统计上并不显著;1990～1995 年的样本显示出
地区劳均产出存在较为明显的发散趋势,β 系数估计值达 0.017,但统
计上并不显著;而 1996～2001 年的样本则在 95% 水平下显著,β 系数
估计值达到了 0.016,显示这一时期存在显著的发散趋势;2002～2006
年样本的 β 系数为负,估计值为 -0.0023,但在统计上还不显著,表明
这一阶段可能存在微弱的 β 收敛,但其趋势有待于进一步考察。从整
个 1978～2006 年样本的估计结果来看,既没有发现明显的收敛证据,
也没有发现明显的发散证据。这与 σ 收敛性的考察结果是基本一
致的。

表2-1　β收敛的分段检验结果

样本	1978～1983 年	1984～1989 年	1990～1995 年	1996～2001 年	2002～2006 年	1978～2006 年
β	-0.019* (-2.19)	0.004 (0.47)	0.017 (1.28)	0.016** (2.55)	-0.0023 (-0.48)	0.0004 (0.02)

注:括号内为 t 值,*、**和***分别为90%、95%、99%水平下显著。

三、俱乐部收敛检验

根据沈坤荣等(2002),我们用式(2.2.3)检验俱乐部收敛性。

$$\gamma_i = \beta_0 + \beta_1 area + \beta_2 \log(y_{i,0}) + \mu_i \qquad (2.2.3)$$

2.2.3 式中,γ 为人均收入或劳均产出的增长率,y_0 为初始人均收
入或劳均产出,$area$ 为区域虚拟变量,对于需要检验的区域的地区值
为1,其他地区为0。

表 2-2 报告了 1978 ~ 2006 年样本的检验结果。East、Middle 和 West 分别为东部、中部和西部的区域虚拟变量,Initial 为初始劳均产出水平对数。结果显示,如果将中国内地各省份分为东部、中部和西部三大区域,检验结果在总体上支持中国地区经济增长存在俱乐部收敛的结论。在三大区域中,东部内部各省份存在显著的收敛迹象,β 系数在95% 水平下显著,但收敛速度较低,不到 1% ;西部内部各省份同样存在着显著的俱乐部收敛迹象,β 系数在 99% 水平下显著,收敛速度也比东部快了一倍多,达到 2% ;但中部样本并不支持收敛,同时统计上也不显著。

表 2-2 俱乐部收敛的计量检验结果:1978 ~ 2006 年

被解释变量:劳均 GDP 年均增长率		
Initial	$-0.0086^{**}(-2.22)$	$-0.0001(-0.02)$	$-0.02^{***}(-4.23)$
East	$0.02^{***}(5.19)$		
Middle		$-0.002(-0.41)$	
West			$-0.008^{***}(-4.26)$
Adj R^2	0.47	-0.07	0.37

注:括号内为 t 值,*、** 和 *** 分别为 90%、95%、99% 水平下显著。

为了进一步考察俱乐部收敛的阶段性特征,我们对 1978 ~ 1992 年和 1993 ~ 2006 年两个时期的样本分别进行了检验,计量结果见表 2-3 和表 2-4。[①]

根据表 2-3,1978 ~ 1992 年期间样本的俱乐部收敛特征相当明显,东部地区内部各省份的劳均产出以年均约 3% 的速度收敛,并且估计结果在 99% 水平下显著;而西部地区内部各省份则以年均约 1% 的速度收敛,β 系数估计结果在 90% 水平下显著,中部则并不存在俱乐部收敛趋势。但是,表 2-4 的 1993 ~ 2006 年样本检验结果却显示,西部地区的收敛俱乐部仍然存在,β 系数在 95% 水平下显著,收敛速度达到年

---

① 关于为什么以 1993 年前后为界考察收敛性的动态特征将在检验条件收敛性时进行说明。

均约 1.5%，较前一时期有较大的提高；而东部地区曾经在 1978~1993 年样本中出现的显著的收敛趋势已不复存在，β 系数估计结果不但较小，同时也不显著；中部各省的 β 系数估计结果也由负变为正，且 t 值有较大的提高，表明中部内部各省份劳均产出存在着发散的可能。

表 2-3　俱乐部收敛的计量检验结果：1978~1992 年

被解释变量：劳均 GDP 年均增长率		
Initial	-0.03***(-6.15)	-0.005(-0.78)	-0.01*(-1.84)
East	0.013***(6.13)		
Middle		-0.009(-1.26)	
West			-0.02***(-3.14)
Adj R^2	0.57	0.02	0.25

注：括号内为 t 值，*、**和***分别为 90%、95%、99% 水平下显著。

表 2-4　俱乐部收敛的计量检验结果：1993~2006 年

被解释变量：劳均 GDP 年均增长率		
Initial	-0.0025(-0.33)	0.0072(1.4)	-0.015**(-2.15)
East	0.0052(0.6)		
Middle		0.0076(1.26)	
West			-0.006**(-2.32)
Adj R^2	-0.01	0.03	0.15

注：括号内为 t 值，*、**和***分别为 90%、95%、99% 水平下显著。

　　总体而言，分段检验的结果仅仅支持西部地区内部各省份存在俱乐部收敛的结论；东部地区虽然一度存在俱乐部收敛，但在最近几年这一趋势已经消失；而从统计意义上讲，中部地区各省份在 1978 年之后并不存在任何俱乐部收敛的证据。这一结论与已有文献的结论存在以下几点区别：第一，各大区域内部的收敛速度存在较大差异，并且西部省份内部的收敛速度高于东部省份；第二，中部地区并不存在明显的俱乐部收敛趋势；第三，最近几年，东部的俱乐部收敛特征趋于消失，而西部地区内部的收敛趋势却在强化。

第三节　收入分布动态演进

根据奎阿(1996)的研究,收入分布动态方法不仅能提供不同地区人均 GDP 或劳均 GDP 的相对特征信息,也能提供对收敛性的动态特征的描述,特别是能较为准确地刻画出俱乐部收敛的形成与变化。对于中国各地区人均收入及劳均产出的分布及其动态演进,此前爱舍斯等(Aziz et. al.,2001)、徐现祥等(2004,2005)通过考察分省劳均产出的核密度图,发现存在"双峰趋同"的趋势。本书采用类似的方法,但不同的是,我们将数据扩展到 2006 年。

由于收入分布动态方法通常估计是相对产出水平的密度量,因此,要将每年的各个地区劳均产出除以劳均产出最高的地区,得到相对产出水平指标。[①] 1978～2006 年期间,上海的劳均产出在所有省份中一直是最高的,因此我们将不同年份的各地区劳均产出除以相应年份上海的劳均产出得到相对劳均产出指标,这样各个地区的相对劳均产出水平就在 0 到 1 之间。

图 2-3 是 1978 年、1984 年、1990 年、1996 年、2002 年和 2006 年 6 个时点的中国分省相对劳均产出高斯核密度估计图。

从图 2-3 可以看出,1978 年,大部分省份的劳均产出水平只有上海的 1/5 左右,劳均产出的分布就整体而言是"单峰"的。1984 年,劳均产出超过上海 1/5 的省份有所增加,同时劳均产出为上海的 0.4～0.6 倍的省份有所减少,显示 1978～1984 年期间中国各地区劳均产出的差异是缩小的。然而,这一变动是短暂的。1990 年,大多数省份的劳动产出相对上海的水平保持不变,表明 1985～1990 年期间中国各地区劳均产出的差异并没有承接上一阶段的趋势继续缩小。1990 之后,相对劳均产出分布的变化正好与 1990 年以前相反。1996 年的分布图中,大多数省份的劳均产出相比 1990 年,又回到不超过上海的 1/5 水

---

　　① 当然,也可以用绝对产出水平进行收入分布动态研究,如徐现祥等(2004,2005)。

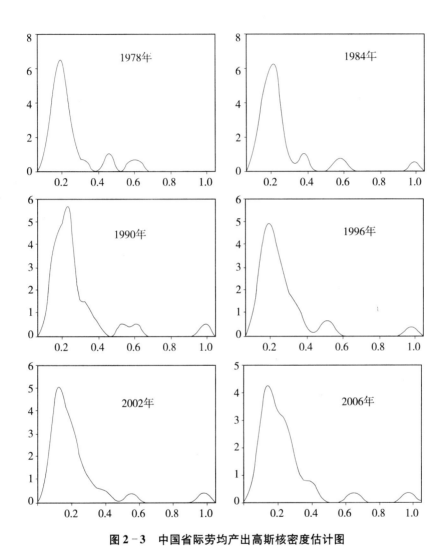

图 2 - 3　中国省际劳均产出高斯核密度估计图

平,0.3 ~ 0.6 倍区间的省份有所增加,分布存在由"单峰"向"双峰"分布演进的雏形;2002 年,大多数省份的劳均产出与上海的差距继续拉大,但相对劳均产出处于 0.3 ~ 0.6 倍区间的省份却在减少,由"单峰"向"双峰"分布演进的趋势趋于消失;2006 年,大部分省份的劳均产出与上海的差距保持相对稳定,但超过 1/5 上海劳均产出水平的省份数量有所增加,表明 2002 ~ 2006 年期间,劳均产出的省际差异存在缩小的趋势,这与省际截面数据的考察结果是类似的。

从总体上看,1978～2006 年期间,收入分布呈"单峰"分布,地区劳均产出水平的差异在 1978～2006 期间是加大了而不是缩小了;分阶段看,中国地区劳均产出水平的差异在 20 世纪 80 年代早期是缩小的;在 20 世纪 90 年代是扩大的;在最近几年又出现了缩小的趋势,这与前面所进行的 σ 收敛和 β 收敛的检验结果基本类似。

进一步考察分布内动态变化情况可以发现,1984 年与 1978 年相比,山西、广东、江苏、内蒙古、新疆、湖北、山东、福建、浙江、河南、安徽、四川、贵州等省份的相对位置都上升了,28 个省份中有 19 个省份劳均产出超过上海的 1/5,其余省份保持不变或略有下降。1990 年与 1984 年相比,广东、江苏、湖北、浙江、内蒙古的相对位置继续上升,其他省份的相对位置基本保持不变或开始下降。1996 年,除了江苏、浙江、福建、海南的相对位置上升之外,其余省份都下降了。2002 年这一趋势继续延续,江苏、浙江、福建的位置继续上升,海南略有下降,取代它的是湖北。

按照前面的方法,我们计算了各地区相对人均收入并进行核密度估计,发现人均收入的分布动态与劳均产出类似。如图 2 - 4 所示。

1978 年,人均收入基本上呈现"单峰"分布,大部分省份的人均收入大约是上海的 0.15 倍;1984 年与 1978 年相比,大部分省份相对于上海的人均收入水平有所提高,人均收入达到上海 1/5 水平的省份有所增加,表明这一阶段中国省际人均收入的差异在缩小;1990 年,大部分省份的人均收入超过上海的 0.2 倍,0.3～0.4 倍的省份数量也有所增加,表明在人均收入的省际差异缩小的同时,分布有向"双峰"分布演进的趋势。1996 年与 1990 年相比,大部分省份的人均收入相对于上海明显下降了,表明这一期间的省际人均收入差异开始扩大;同时,相对人均收入处于 0.2～0.4 倍上海人均收入水平区间的省份数量有所上升,"双峰"分布的趋势有所强化,说明俱乐部收敛的趋势进一步明显。2002 年,大部分省份人均收入的相对位置继续下降,表明上一阶段人均收入差异扩大的趋势在 1996～2002 年期间并没有改变,同时 0.2～0.4 倍区间的省份数量也有所下降,表明"双峰"分布的趋势开始弱化,俱乐部收敛有消失的可能。2006 年,分布图形整体上右移,表明

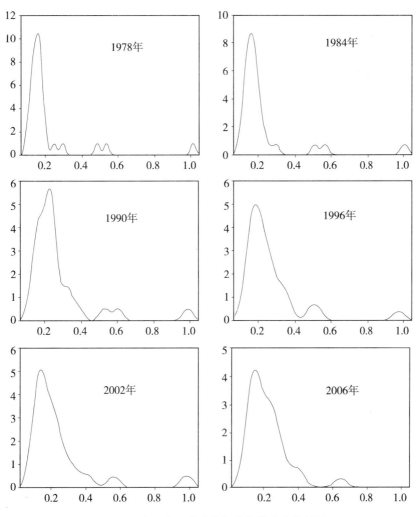

图 2-4　中国省际人均收入高斯核密度估计图

2002～2006 年期间,人均收入的地区差距是下降的,下降的程度比劳均产出更加明显。因此,从人均收入水平动态分布的演进所得到的结论与对人均收入 σ 收敛性考察的结论是基本一致的。

尽管人均收入分布动态和劳均产出分布动态的考察结果与截面回归的结论基本一致,但与截面回归发现较为明显的俱乐部收敛证据不同的是,人均收入和劳均产出的分布动态在 1990 年前后存在向"双峰"分布演进的趋势,但这一趋势最终并没有持续。这一结论与阿齐兹等(2001)、徐现祥等(2004,2005)对1978年到20世纪末中国人均收入和劳均产出分布动态进行分析的结论存在一些区别。在他们的研究中,中国省际劳均产出和人均收入存在较为明显的"双峰趋同"趋势,而我们只发现"双峰分布"的一个雏形,收入分布动态的演进有俱乐部收敛的趋势,但趋势既不明显也不稳健。

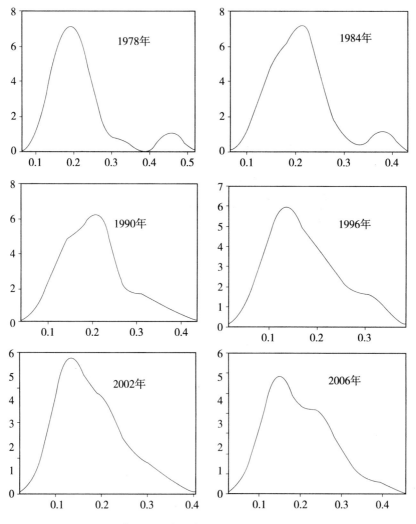

图2-5　中国省际劳均产出高斯核密度估计图(去除京、津、沪)

林毅夫等(2003)的研究认为,中国地区收性敛的检验结果对于样本选择较为敏感,是否将京、津、沪三个直辖市包括在内对分析结果有较大影响,因而他们在研究中国地区差距时,按照包含和不包含这三个直辖市的样本分别进行了计量分析。Démurger 等(2002)的研究也有同样的考虑。借鉴他们的做法,本书将北京、天津、上海三个直辖市排除后重新对劳均产出的分布动态进行考察。

由图2-5,去除京、津、沪的各地的劳均产出核密度估计图就整体上讲与包含三个直辖市的劳均产出核密度估计图相似,但1990年、1996年两个时点具有比较明显的"双峰分布"特征,2002年的"双峰分布"迹象不太明显,2006年又出现较为明显的"双峰分布"的迹象。因此,去除京、津、沪的省际劳均产出的分布动态较为支持俱乐部收敛,但其收敛性特征处于动态变化之中。

第四节　条件收敛计量检验

本节中,我们将运用被广泛使用的条件收敛分析框架检验中国地区增长的条件收敛性。正如在第一章所讨论的,这一框架可以通过控制变量将一系列影响经济稳态的参数特别是将一些政策变量纳入增长回归中,可以得到更多、更为明确的政策含义,如在巴罗(1997)的跨国增长回归中,控制变量包括了人力资本、政府消费、贸易条件、民主指标、通货膨胀等多个指标。但是,由于遗漏解释变量和参数内生性等问题,控制变量越多,出现严重计量问题的可能性也越大。因此,我们在考察中国地区经济增长的条件收敛性时,严格限制控制变量的个数,以尽量减少计量方面的问题。各种计量方法的估计结果表明,中国地区经济增长的条件收敛性同样存在阶段性特征。

一、截面数据检验

由于中国的经济体制自20世纪90年代早期前后发生了较大的变动,主要体现为1992年中国政府确立了建立社会主义市场经济体制的改革目标,因此很多文献将改革时期划分为不同阶段来研究地区收敛性,如刘强(2001)以 1989 年为界分析地区收敛性的变化,Démurger 等(2002)则以 1992 年为界考察收敛性。

从前面省际绝对收敛性的分段检验结果和收入分布动态的变化来看,1993 年前后的收敛性特征确实发生了重大变化,因而本章将分 1978～1992 年和 1993～2006 年两个时段检验中国地区经济增长的条件收敛性。

1978～1992 年样本的回归方程采用著名的 MRW(1992)模型:

$$\ln(y_T/y_0)\big/T = \alpha + \beta_1\ln(s_h) + \beta_2\ln(s_k) +$$
$$\beta_3\ln(n + g + \delta) + \beta_4\ln y_0 + \varepsilon \qquad (2.4.1)$$

2.4.1 式中,y_T 和 y_0 分别是 T 期与 0 期的劳均产出,s_k 为物质资本积累率,这里用时期 0 与时期 T 之间的资本形成率的平均值进行度量,s_h 为人力资本积累率,用时期 0 与时期 T 之间的在校大学生占每万名劳动力比例的平均值进行度量,n 为时期 0 与时期 T 之间的劳动力增长率,$g + \delta$ 为外生技术进步率与折旧率之和,取值 0.05。方程(2.4.1)的最大特点在于,它是直接从一个扩展新古典增长模型中导出的计量模型(MRW,1992)。

表 2－5　条件收敛的计量检验结果:1978～1992 年

被解释变量:劳均 GDP 年均增长率	
常数项	$-0.03(-0.57)$
$\ln(y_0)$	$-0.028^*(-1.75)$
$\ln(s_k)$	$0.006(0.256)$
$\ln(s_h)$	$0.009(0.68)$
$\ln(n + g + s)$	$-0.095^{***}(-3.15)$
ADJ R^2	0.21
D.W.	1.86

注:括号内为 t 值,*、** 和 *** 分别为 90%、95%、99% 水平下显著。

表 2－5 报告了回归的结果。可以看出,一个扩展的新古典增长模型能够较好地解释 1978～1992 年期间的中国地区经济增长。初始劳均产出的系数为负,并在 90% 水平下显著,表明在这一期间省际样本

存在着明显的条件收敛,收敛速度为年均 2.8% 左右;劳动力增长的系数显著为负并符合理论预期,表明劳动力增长会降低稳态劳均资本及劳均产出水平。

与 MRW(1992)的估计结果不同的是,物质资本积累率和人力资本积累率系数尽管为正,但在统计上并不显著,弹性也比较小,这似乎表明在 1978~1992 年这一阶段物质资本积累与人力资本积累可能并不是导致地区差距的最主要因素,而劳动力增长速度的差异则构成了解释劳均产出水平差异的最重要的因素。

由于 1993 年以后经济的体制背景发生了重大变化,中国对外开放的进程明显加快,非公有制经济在总量中的比重迅速上升,因而这一阶段条件收敛的检验除使用标准的 MRW 模型中的参数外,还应考虑市场化、对外开放等因素和初始技术水平对收敛性的影响。在一些研究中,如蔡昉、都阳(2000)用政府消费支出占 GDP 的比例作为市场化的代理变量,用进出口总额占 GDP 的比例来度量对外开放度,研究这些因素对地区收敛性的影响;德莱格等(2002)还用国有企业经济规模占总规模的比例衡量制度变化,研究渐进转型中制度变迁的差异对地区收敛性的影响。此外,参照巴罗、萨拉伊马丁(1991),大多数研究将初始人力资本存量作为初始控制变量。考虑到中国特定的经济结构,一些研究考虑了初始产业结构,如沈坤荣等(2002)、德莱格等(2002)等。然而,正如本书第一章所指出的,对于中国省际截面样本来说,控制变量太多不但会影响估计精度,而且容易产生内生性问题。因此,我们这里仅选用 FDI 占地区生产总值(名义值)的平均比例的对数值作为控制变量,我们认为,这一变量可以用来替代蔡昉、都阳(2000)所使用的市场化变量和开放度变量,也可以用来代替德莱格等(2002)所使用的制度变量。因为从中国 FDI 的主要分布来看,一方面,FDI 较多的地区也是市场化水平较高的地区。另一方面,FDI 也能够作为对外开放的度量指标,因为 FDI 的原材料大多从国外进口,制成品一般都出口到国外,FDI 流入较多的地区,经济的外向度也较高。

考虑到 1993~2006 年期间中国地区经济增长出现了明显的发散趋势,根据沈坤荣等(2002),初始工业化水平对于中国地区差距的解释相当关键。在这里,初始工业化发展水平也可以作为初始技术水平的近似度量指标,因为在20世纪80年代中后期,乡镇企业的崛起是中国工业化迅速发展的一个重要推动力量。根据胡永泰(1998)、徐现祥和舒元(2004)的研究,由乡镇企业发展所产生的劳动力部门再配置是中国全要素生产率(TFP)增长的重要源泉。因此,这里加入了各地区第二产业在地区生产总值中的期初份额的对数值作为初始变量,采用式(2.4.2)进行估计:

$$\ln(y_T/y_0)/T = \alpha + \beta_1\ln(s_h) + \beta_2\ln(s_k) + \beta_3\ln(n+g+\delta) +$$

$$\beta_4\ln y_0 + \beta_5\ln(FDI) + \beta_6\ln(second) + \varepsilon \quad (2.4.2)$$

式中,FDI 为1993~2006年各地区FDI占地区生产总值(名义值)的平均比例,$second$ 为各地区1993年第二产业增加值占地区生产总值的比例,其他变量的定义同(2.4.1)。表2-6报告了回归结果,所有模型的拟合系数均较为理想,表明有50%左右的经济增长差异可以由回归模型来说明。

表 2-6　条件收敛的计量检验结果:1993~2006年

解释变量	被解释变量:劳均GDP的年均增长率				
	(1)	(2)	(3)	(4a)	(4b)
常数项	-0.03 (-0.57)	0.12 (0.17)	0.075 (1.00)	0.2** (2.19)	0.28** (2.13)
$\ln(y_0)$	0.00029 (0.03)	-0.002 (-0.22)	-0.01 (-1.03)	-0.018* (-1.84)	-0.025* (-1.94)
$\ln(s_k)$	0.058 (0.33)	0.0097 (0.54)	0.026 (1.59)	0.015 (0.91)	0.033* (1.76)
$\ln(s_h)$	0.017 (1.89)	0.015 (1.7)	0.019** (2.26)	0.017** (2.14)	0.017** (2.15)
$\ln(n+g+s)$	-0.017** (-2.28)	-0.016** (-2.17)	-0.016** (-2.29)	-0.015*** (-3.15)	-0.013* (-1.95)
$\ln(FDI/GDP)$			0.006** (2.09)	0.0085** (2.85)	0.012** (2.35)

解释变量	被解释变量:劳均 GDP 的年均增长率				
	(1)	(2)	(3)	(4a)	(4b)
$\ln(scond)$		0.018 (1.01)		0.036** (2.1)	0.043** (2.13)
ADJ R^2	0.41	0.41	0.48	0.55	0.52
D. W.	1.81	1.76	1.96	2.11	2.18

注:括号内为 t 值,*、**和***分别为 90%、95%、99% 水平下显著。(4b)使用了 1990 年 FDI 占地区生产总值(名义值)的比例作为工具变量。

由表 2-6 模型(1),与 1978~1992 年样本检验结果不同的是,单纯 MRW 模型的计量检验结果,初始劳均产出的系数为正且在统计上不显著,所以,基于标准 MRW 模型的检验结果并不具有条件收敛性,应该进一步考虑其他影响稳态的结构性参数。

模型(2)控制了初始第二产业份额的对数值,估计结果显示,尽管统计上仍然不显著,但初始劳均产出的系数由正转变为负,说明初始工业发展水平(初始技术水平)是影响条件收敛性的一个重要因素。

模型(3)加上 FDI 作为控制变量进行估计。结果显示,模型的拟合度有所提高,初始产出的系数变为 -0.01,尽管仍不显著,但 t 值有较大的提高,同时人力资本积累率的系数开始显著。

模型(4a)为继续加入初始第二产业份额的对数值进行估计的结果。结果显示,初始劳均产出的系数在 90% 水平下显著,估计结果达 -0.018,表明中国地区经济增长存在明显的条件收敛特征,条件收敛速度达到 1.8% 左右;同时,人力资本积累率的系数显著为正,劳动力增长的系数显著为负,符合正常的理论预期,特别是人力资本积累率的系数显著为正,表明这一阶段人力资本对地区差距具有较强的解释力,但物质资本积累率的差异与 1978~1992 年样本一样,统计上并不显著。

FDI 系数显著为正,表明它对地区差距存在显著影响,但系数只有 0.0085,FDI 的差异对地区差距的影响并没有想象的那么高。初期第二产业份额的弹性高达 0.036 且在 99% 水平下统计显著,表明这一阶段各地区初始工业化水平(技术水平)对其后的经济增长具有较大的影响,并且弹性远高于 FDI,也高于人力资本积累率。

但是,将 FDI 作为控制变量纳入增长回归有可能会产生内生性问题。这是因为,使用截面回归需要确立每一个解释变量都是外生的,而 FDI 可能并不是一个真正的外生变量。一方面,外资可能倾向于到发展前景较好的地区进行投资,它与劳均产出的增长率两者之间有可能互为因果,因而会产生严重的计量问题。另一方面,模型可能遗漏了其他解释变量,比如流动人口数量。可以观察到的是,像广东等吸引大量外资的省份通常也吸引了大量的流动人口,而流动人口所创造的 GDP 通常无法从流入地的统计数据中排除,这也可能导致严重的内生性问题。此前,国内的大部分研究并没有注意到控制变量的参数内生性影响,而巴罗(1997)在跨国数据增长回归中指出了控制变量可能出现的内生性对估计结果的影响,因而使用控制变量的多期滞后水平变量作为工具变量进行回归。本书按照巴罗的做法,用 1990 年各地区 FDI/GDP(名义值)作为工具变量重新对模型进行了检验,估计结果见表 2 - 6 的模型(4b)。

与没有加入工具变量的回归结果相比,加入工具变量进行回归,其结果发生了以下几个变化:第一,收敛速度有了明显的提高,由年均 1.8% 上升到 2.5%;第二,物质资本积累率系数的估计结果由不显著变为 90% 水平下统计显著,弹性也高达 0.033,符合通常的理论预期;第三,FDI、初始产业结构对经济增长率的影响有所提高,弹性分别由 0.0085 和 0.036 提高到 0.012 和 0.043,这进一步增强了初始工业发展水平(技术水平)和 FDI 对于地区差距的解释力。加入工具变量的回归结果更加符合理论预期,表明模型中的 FDI 很有可能是一个内生变量,也表明加入工具变量进行回归的结果相对而言更为可信。

对比 1978~1992 年和 1993~2006 年两个时期的条件收敛性检验结果可以发现,中国地区经济增长的条件收敛性明显存在着阶段性特点,前期影响地区差距的因素主要是劳动力增长率的差异,后期的影响因素更多,投资、人力资本、劳动力增长、FDI 都可能是导致地区差距扩大的重要因素,而初始工业发展水平(技术水平)对经济增长产生较大影响表明,应该重视分析初始发展条件影响地区差距的详细机理。

二、面板数据检验

由于截面回归方法可能存在的计量问题,伊斯兰姆(1995)提出了用面板方法检验条件收敛性,以减轻异质性和参数内生性所导致的计量问题的影响。伊斯兰姆所使用的计量方程是:

$$\ln(y_{t2}/y_{t1})\big/T = \gamma\frac{\alpha}{1-\alpha-\beta}\ln(s_k) + \gamma\frac{\beta}{1-\alpha-\beta}\ln(s_h) +$$

$$\gamma\frac{\alpha+\beta}{1-\alpha-\beta}\ln(n+g+\delta) - \gamma\ln y_{t1} + \gamma\ln A(0) + g(t_2 - e^{-\lambda\tau}t_1) + \nu_{it}$$

$$(2.4.3)$$

2.4.3 式中,$\gamma = (1-e^{-\lambda\tau})$,$\lambda$ 为收敛速度,s_k 和 s_h 为分别为物质资本和人力资本积累率,α 和 β 分别为物质资本和人力资本的产出弹性,ν_{it} 为随机误差项,n 为劳动力增长率,g 为外生技术进步速度,δ 为折旧率,$A(0)$ 为初始技术水平。

式(2.4.3)是一个动态面板模型,早期文献通常采用工具变量和差分 GMM 方法进行估计,如巴罗(1997)采用的是工具变量法,卡斯里等(Caselli et. al.,1996)采用的是差分 GMM 方法。以一阶差分 GMM 方法为例,它通过对变量进行一阶差分去除不随时间变化的个体效应,并且用滞后的水平变量作为工具变量,可以减轻变量内生性问题。但是,大多数运用一阶差分 GMM 方法所估计出的收敛速度高得不可思议,对此邦德等(2001)认为,一阶差分 GMM 方法由于用作工具变量的滞后水平变量与被解释变量的一阶差分项之间并不独立,容易导致收敛速度的有偏估计。他们认为,System GMM 估计方法使用的是滞后变量的一阶差分项作为工具变量,可以解决水平滞后变量作为工具变量所存在的弱工具变量问题。运用这一方法对跨国数据进行回归,他们得到一个能够用 MRW(1992)模型解释的 2% 的年均收敛速度。

从已有文献来看,国内尚没有在面板模型中使用 system GMM 方法进行收敛性的实证研究,王志刚(2004)的研究尽管运用了面板方法,但他的估计是基于 GFLS 的,因而收敛速度的估计结果可能存在偏误;彭国华(2005)采用的是一阶差分 GMM 估计,根据邦德等(2001)的分析,同样可能存在估计偏误。因此,本书使用邦德等(2001)推荐的面板 System GMM 估计方法考察 1993～2005 年期间中国地区经济增长的条件收敛性,控制变量为 FDI。因为面板方法可以消除异质性的影响,所以初始第二产业份额并没有纳入面板模型。

收敛性研究中,一般以 5 年为一个时间段构建面板数据,如伊斯兰姆(1995),但由于 System GMM 估计方法在样本时期总数 T 较大时才是渐进有效的,为了尽量增大 1993～2005 年期间的样本时期总数,本书以 3 年为一个时段,共 6 个时期。估计结果见表 2－7。

表 2－7　面板数据条件收敛的计量检验结果:1993～2005 年

被解释变量: $\ln(y_{t2}/y_{t1})$		
解释变量		
$\ln(y_{t1})$	-0.045^{**} (-2.11)	-0.051^{***} (-3.58)
$\ln(s_k)$	0.03 (1.26)	0.026 (1.24)
$\ln(s_h)$	0.03^{**} (2.58)	0.028^{**} (2.36)
$\ln(n+g+\delta)$	-0.018^{***} (-3.61)	-0.015^{***} (-3.51)
$\ln(FDI)$		-0.006 (-0.84)

注:括号内为 t 值,*、** 和 *** 分别为 90%、95%、99% 水平下显著。

从总体上讲,估计得到了一个与截面回归基本类似的结果。面板数据显示出 1993～2005 年中国地区经济增长存在条件收敛性,但条件收敛速度较高,达到了 4%～5%。与截面回归结果不同的是,是否加入 FDI 作为控制变量对估计结果影响不大。表 2－7 第 2 栏为不控制 FDI 差异的估计结果,第 3 栏是控制 FDI 差异的估计结果。不控制 FDI 差异的初始人均收入的估计结果为负且显著,相应的收敛速度年均约 4.5% 左右,与控制 FDI 差异的估计结果相差不大;物质资本积累率系数为正但不显著,与控制 FDI 差异的估计结果类似;人力资本、劳动力增长的弹性估计结果与控制 FDI 差异的估计结果也基本相同。

从回归结果所得到的收敛速度来看,结论似乎更符合理论预期。按照通常的做法,如果假设外生技术进步速度与折旧率之和为0.05,劳动力增长率为0.03,考虑中国经济增长的特点,资本产出弹性取0.5,那么理论上的收敛速度应为4%。但是,物质资本积累率的系数不显著却令人费解。

三、空间计量模型检验

根据安塞林(1988),地区样本如果存在明显的空间自相关会导致严重的模型误设问题,因而在地区经济增长收敛性研究中,研究者越来越多地采用空间计量技术。鉴于在改革开放早期中国地区样本并不存在严重的空间自相关,因而我们将运用空间计量技术着重研究1993~2006年期间样本的条件收敛性。

根据式(1.3.19),我们计算了中国地区劳均产出样本的Moran'I统计量。空间权重使用是邻近二进制矩阵,即如果地区i,j相邻,则$w_{ij}=1$,否则$w_{ij}=0$。

计算结果表明,1993~2006年期间,Moran'I统计量在大部分年份都高于0.2,1997年之后尽管有所下降,但1999年以后又重新上升,特别是在2004年之后,Moran'I统计量提高很快,如图2-6所示。

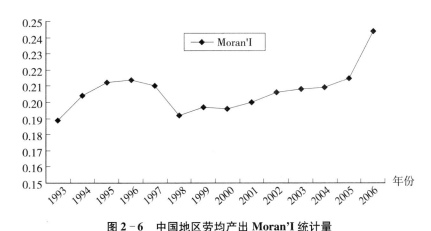

图2-6　中国地区劳均产出Moran'I统计量

Moran'I统计量全部通过5%显著水平的正态检验。这表明中国地区劳均产出样本存在明显的正的空间自相关,因而有必要使用空间计量模型分析中国地区经济增长的条件收敛性。我们分别使用空间滞后模型和空间误差模型进行了检验,其计量方程分别为:

$$y = \lambda W y + X\beta + \varepsilon \qquad (2.4.4)$$

$$y = X\beta + (I - \rho W)^{-1} \mu \qquad (2.4.5)$$

式(2.4.4)和式(2.4.5)中,y,X分别为被解释变量和解释变量矩阵,W是空间权重矩阵,参数λ为空间滞后系数,ρ为空间误差系数。根据式(2.4.4)和式(2.4.5)所示的空间滞后模型和空间误差模型,我们使用1993~2006年的截面数据,以相邻矩阵为空间权重矩阵,重新检验了截面样本的绝对收敛性与条件收敛性。表2-8第2栏与第4栏分别报告了两个模型绝对收敛的检验结果,第3栏和第5栏分别报告了两个模型的条件收敛的检验结果。

表 2-8 条件收敛的空间计量检验结果

被解释变量: $\log(y_t/y_0)/T$				
	空间滞后模型		空间误差模型	
$\log y_0$	0.008 (1.49)	-0.0085 (-1.04)	0.008 (1.05)	-0.01 (-1.34)
$\log(s_k)$		0.032** (2.49)		0.034*** (2.71)
$\log(n+g+\delta)$		-0.014*** (-2.96)		-0.013*** (-2.73)
$\log(s_h)$		0.013** (2.21)		0.014** (2.32)
$\log(FDI)$		0.0075*** (3.26)		0.0079*** (3.46)
$\log(second)$		0.028** (2.13)		0.033*** (2.49)
$\rho(\lambda)$	0.36 (1.52)	0.033*** (3.03)	0.29 (0.93)	0.21* (1.65)

注:括号内为z值,*、**和***分别为90%、95%、99%水平下显著。

估计结果表明,空间计量模型的估计结果既没有发现绝对收敛的证据,同时条件收敛的证据也不明显。无论是空间误差模型还是空间滞后模型,初始劳均产出水平系数均为正,但在统计上并不显著,系数估计值也较小;而条件收敛的估计结果,尽管初始劳均产出的系数为负,但收敛速度大约只有年均1%左右,低于前面估计的2% ~4%的收敛速度,同时在统计上也不显著;其他系数的估计结果,与没有考虑空间自相关影响的回归结果基本相同,统计上也是显著的;物质资本积累率估计系数显著为正,弹性也高达0.3以上,这与使用工具变量的截面条件收敛的估计结果是一致的,说明在考虑空间影响后,物质资本积累率的差异是解释中国地区增长差异的一个重要因素。这符合通常的理论预期。

但是,通过空间计量方法得到了一个较低的条件收敛速度,这提示我们,像生产要素流动等一些能够产生真实空间依赖性的因素可能并不像通常理论预期的那样促进收敛,相反可能是推动发散的重要力量。

第五节　本章小结

在前面几节中,本章通过常见的几种收敛性实证方法考察了改革以来中国地区经济增长收敛性。从总体上来讲,收敛性特征呈现出明显的阶段性动态特点。

第一,与大多数研究的基本结论一致,研究发现,改革以来中国地区经济增长收敛性在总体上并不存在绝对收敛的趋势,但具有先收敛后发散的动态特征。我们看到,无论是考察截面 σ 收敛性、分段检验 β 收敛性和空间 β 收敛性,还是考察收入分布动态,20 世纪 80 年代早期,中国各地区都存在绝对收敛的趋势,尽管这一趋势在 20 世纪 80 年代后期趋于弱化;而在 20 世纪 90 年中期前后,无论是通过哪一种实证方法,都发现了明显的发散趋势,地区差距由前一阶段的逐渐缩小转变为逐渐扩大,20 世纪 90 年代早期是中国地区差距由缩小转变为扩大的转折点。20 世纪 90 年代后期到最近几年,发散的趋势有所变化,最近几年则存在微弱的收敛趋势。这一动态特征表明,中国地区差距的变化有可能呈现的是一种倒 N 型变化动态。①

第二,研究发现,中国地区经济增长的俱乐部收敛特征也呈现出明显的阶段性。与一些研究(如蔡昉和都阳,2000;沈坤荣和马俊,2002;王志刚,2004)的结论相类似,我们发现中国的地区差距在改革以来的相当长的时期内表现为区域内部差距的缩小与区域之间差距的扩大,特别是东部省份与西部省份的地区经济差距相当明显,这说明存在俱乐部收敛的可能。从收入分布动态变化来看,没有足够的证据证明中国地区经济增长存在"双峰趋同"或俱乐部收敛,这与运用同样方法所得到的研究结论存在区别(徐现祥和舒元,2004,2005)。但是,截面回归的结果却强烈支持阶段性俱乐部收敛的存在,至少在 20 世纪 90 年代中期之前,检验结果表明东部与西部分别作为一个收敛俱乐部而存在,内部各省份劳均产出分别以年均 3% 和 1% 左右的速度收敛。但从 2000 年前后,东部的俱乐部收敛特征趋于消失,内部各个省份的劳均产出出现发散的趋势;而西部区域内部各省份的劳均产出的收敛速度则进一步上升,达到年均 1.5% ,比前期约 1% 的年均收敛速度有了明显的提高。这一发现不同于以往的发现,因为几乎所有的文献并没有发现中国俱乐部收敛存在阶段性特征。

第三,研究发现,影响地区条件收敛性的因素在改革前期和后期两个阶段存在明显的差异,地区经济增长的条件收敛性越来越受到经济的初始发展条件影响。在一个标准的 MRW(1992)框架下,1978 ~ 1992 年样本存在明显的条件收敛,收敛速度年均约 3% ,1993 ~ 2006 年的样本所估计的条件收敛速度约 2.8% ,两个时期非常接近。但是,两个时期影响地区差距的主要因素却存在较大区别。在 1978 ~ 1993 年样本中,劳动力增长率的差异是解释地区差距的主要因素;而 1993 ~ 2006 年样本中,除劳动力增长率的差异外,物质资本、人力资本积累率和 FDI 占地区生产总值的比例的差异也是导致地区差异产生的重要因素,这和蔡昉等(2000)、沈坤荣等(2002)等的研究结论是一致

---

① 最近的文献中,刘树成、张晓晶(2007)的研究发现了中国地区差距有缩小的趋势。

的。除了这些因素,初始第二产业份额对收敛性的影响非常显著,是不是把它作为初始控制变量,不但能改变初始劳均产出系数估计值的符号,而且还能影响其他控制变量估计的显著性。

第四,研究发现,地区间空间联系的加强对地区收敛性会产生一定的影响。空间计量方法的实质,是在封闭经济条件下考察经济系统各变量的关系。从考虑空间因素的条件收敛检验结果来看,并没有发现明显的条件收敛的证据,这说明用初始条件(主要是初始工业发展水平)、市场化、外向度(以 FDI 度量)的差异解释地区经济增长差异,在一定程度上要与 20 世纪 90 年代不断强化的地区经济一体化趋势相联系,地区之间的技术、商品与生产要素流动对地区收敛性存在不可忽视的影响。

但是,正如我们在上一章所指出的,经济系统是复杂的,单一分析框架的实证分析结果并不能完全解释地区收敛性的形成机理,特别是对于中国这样一个处于转型中的发展中大国更是如此。本章的实证分析的结论尽管较为丰富,但仍有以下几个重大问题有待进一步解释:

第一,为什么中国地区经济增长会以 20 世纪 90 年代早期正式建立社会主义市场经济为界呈现出先收敛后发散的阶段性动态特征,同时俱乐部收敛也呈现出阶段性动态特征,这些阶段性动态特征与这一体制背景的重大变化有什么样的关联?

第二,为什么影响地区差距的主要因素在 20 世纪 90 年代中期发生了改变,表现为以工业化发展水平为代表的经济的初始发展条件在 20 世纪 90 年代之后对于地区收敛性的影响越来越突出,初始发展条件是通过什么样的渠道、以什么样的机制影响地区收敛性,异质性因素是否会像早期发展经济学家缪尔达尔(Mydal,1957)所描述的那样,存在循环累积因果效应?

第三,为什么地区之间的经济联系会对地区收敛性产生影响,产生影响的主要因素是哪些? 影响机理又是什么?

第四,如果能够发现形成上述地区收敛性阶段性动态特征的形成机理,那么根据这些机理,未来中国地区经济增长收敛性将发生什么样的变化,政府应如何适应这些变化来采取相应的区域统筹政策以逐步控制和缩小地区差距,推动区域共同发展?

显然,回答上述这些问题必须以中国体制转型为背景,深入分析中国地区经济增长收敛性阶段性特征背后的形成机理,尤其是要进一步分析20世纪90年代经济体制变化对经济系统的影响,而这正是已有文献所缺乏的,因此,关于中国地区经济增长收敛性形成机理的研究构成了本书后面几章的内容。

第三章 双重转型下地区收敛与发散的基本机理

通过对中国地区经济增长收敛性的检验可以发现,如果以1993年中国正式宣布建立社会主义市场经济体制为界,在这一时点前后的地区收敛性特征明显地可以划分为两个阶段,前期主要表现为收敛,后期主要表现为发散。那么,为什么中国地区经济增长收敛性在这前后发生转折?决定这种先收敛后发散收敛性动态特征背后的机理是什么?

我们已经指出,无论是新古典增长理论还是内生增长理论,都假定了资本存量的增加快于劳动力的增长,即资本是不断"深化"的。在发达经济中,劳动力增长快于资本积累是不可想象的。但对像中国这样具有刘易斯意义上的二元经济典型特征的发展中经济来说,经济增长伴随着较为剧烈的结构变动,尤其是大规模劳动力转移会带来就业结构的巨大变化。在存在大规模劳动力转移的条件下,劳动力增长可能会快于资本积累,在理论上资本相对于劳动就是不变的生产要素,其边际收益就可能不再递减,进而新古典收敛条件可能并不存在。

同样的,新古典框架下的另一种收敛机制,即生产要素自由流动而导致的要素报酬均等化趋势,在存在大规模劳动力转移的情况下也有可能不再出现。因为在要素能够自由流动的情况下,无论是资本还是劳动力,总是趋于从边际收益较低的地区向边际收益较高的地区流动,如果要素边际收益是递减的,净流入地区的要素边际收益会因此而降低,净流出地区的要素边际收益会因此而提高。在这里,要素边际收益递减是要素自由流动能够促进不同地区要素报酬均等化,并进而加速人均收入水平及其增长率收敛的必要条件。而在一个存在大规模劳动力转移的经济里,一旦不同地区生产率存在差异,由于要素边际收益不再递减,资本和劳动就会源源不断地由边际收益较低的地区向较高的地区流动,并且不会因此产生新古典意义上的要素报酬均等化趋势。所以,如果经济中没有其他导致收敛的机制,要素的自由流动非但不能加速收敛,反而会加速发散。

本章将通过两个产业三个部门的经济模型来研究转型背景下大规模劳动力转移对经济收敛性的影响,并形成研究双重转型经济地区收敛性的基本分析框架。

第一节 双重转型经济:两个产业与三个部门

一、中国经济增长的总量水平与现有格局

自 1978 年以来,伴随着经济转型,中国经济进入快速增长的轨道。按可比价格计算,1978～2007 年国内生产总值年均增长达 9.7%,人均国内生产总值年均增长达到 8.5%。图 3-1 给出的是改革开放前后按可比价格计算的国内生产总值和三次产业的年均增长率,从图 3-1上可以看出,从新中国建立到改革开放前期,中国国内生产总值取得了年均 6% 的增长,这一速度丝毫不逊于世界主要国家的表现。但是,对比改革开放以来的增长,这一增长业绩黯然失色。1978～2007 年,中

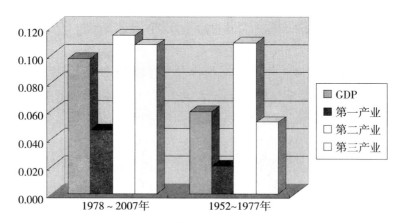

图 3-1 改革开放前后中国经济增长绩效对比

资料来源:《中国统计年鉴2008》、《新中国五十年统计资料汇编》。

国国内生产总值年均增长比 1952～1977 年期间的年均增长率高出近
4%;同时,尽管人口基数有较大的提高,但 1978～2007 年期间人均国
内生产总值年均增长率比 1952～1977 年期间高出了 1 倍多。

过去的 30 年的持续增长使中国从一个低收入国家迅速朝着中等
收入国家行列迈进。在改革开放初期,中国经济总量和人均收入与亚
洲的另一个大国印度基本上处于同样的水平。经过不到 30 年的发展,
无论是经济总量还是人均收入,印度已远远落后于中国。2006 年,印
度的国内生产总值约为 8540 亿美元,人均国内生产总值不到 1000 美
元,仅相当于中国 90 年代中期的水平。按可比价格计算,1978～2004
年,印度国民生产总值增长达到 8% 以上仅有 2 年,有 14 个年份增长
率在 5%～8% 之间,1981 年甚至是负增长。在转型经济中,中国的增
长业绩更是骄人。尽管东欧及俄罗斯等一些转型国家在最近几年的增
长得到恢复,但在转型初期,26 个东欧及俄罗斯等转型国家都出现了
负增长,2000 年 GDP 仅比 1990 年增长 6.5%,而中国同期的经济总量
却翻了一番多。在世界范围内,中国的经历也可以用"增长奇迹"来说
明。在超过 1/4 世纪中保持接近 10% 的年均增长速度,在世界经济史
上也只有日本和东亚几个亚洲新兴工业化国家与地区有过同样的经
历。表 3-1 为 2006 年中国主要经济指标的国际比较。从中可以看
出,中国的 GDP 增长率不仅远高于世界平均增长率,也大大地高于发
展中国家的平均增长率。

表 3-1　2006 年中国主要经济指标的国际比较

国家和地区	国内生产总值 (亿美元)	人均国民总收入 (美元)	国内生产总值增长率 (%)
世界	482449	7439	5.4
发达国家	365830	36487	2.9
发展中国家	116619	2000	8.1
中国	26681	2010	11.1

资料来源:《国际经济年鉴 2007》。

尽管仍然存着相当多的结构问题,但毋庸讳言,从 1978 年开始的

由集中计划经济向市场经济、从农业向制造业服务业、从封闭经济向开放经济的渐进转型所推动的工业化、城市化、市场化与经济国际化,是支撑中国近30年持续高速增长的"四大引擎"。

(一)工业化

经济增长的过程同时也是具有比较劳动生产率优势的工业部门迅速发展并在经济总量中的份额不断上升的结构转变过程。1978年,农业在全国GDP中的份额为27.9%,就业比例高达70.5%。经过30年的发展,中国三次产业的构成比例由27.9∶47.9∶24.2转变为13.4∶49.2∶39.1;2006年,农业部门从业人员占全部从业人员的比例由70.5%迅速下降到44.8%。结构的巨大变化归因于第二产业的高速增长,在过去的30年中,中国第二产业年均增长速度达到11.3%,成为推动总量增长的主要部门,主要工业品产量也位居世界前列。图3-2给出的是代表年份三次产业比例,可以看出,第二产业是增长最快的部门,这反映了中国目前正在处于工业化高速发展阶段的结构特征。

(单位:%)

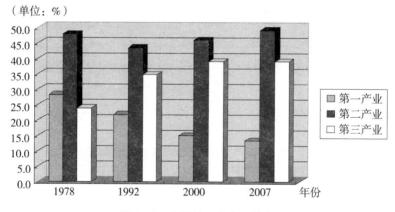

图3-2 中国的三次产业结构

资料来源:《中国统计年鉴2008》。

(二)城市化

城市化是持续工业化的结果,城市化带来第三产业发展与工业化形成良性互动可以推动经济总量的持续增长。30年来,伴随着工业化进程的加快,中国城市化水平在改革开放之后迅速得到提高。1978

年,全部总人口中城镇居民仅占17.92%,城市化水平不但远低于世界平均水平,而且也低于发展中国家平均水平,城市化严重滞后于工业化与经济发展。改革开放之后,随着户籍制度等一些制约城市化发展的制度性障碍逐步消除,城市化水平在过去的近30年里有了很大的提高并逐渐成为推动经济增长的重要"引擎"。与1978年相比,2005年城镇人口在总人口中的比重上升到43.9%,提高了26%;以现代服务业为主导部门的第三产业的发展迅速,与第二产业一起成为推动总量增长的重要部门。如图3-3所示,1990年,第三产业对GDP增长的贡献率仅为17.1%,1997年达到33.6%,2004年达到40%。第三产业在国内生产总值中的份额在20世纪80年代不足25%,最近几年已经增加到近40%。1978~2007年,第三产业年均增长率达到10.7%。

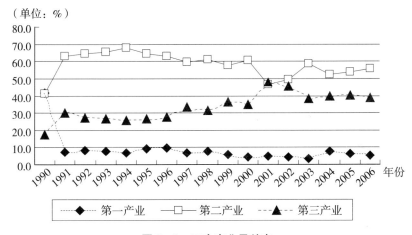

（单位：%）

图3-3 三次产业贡献率

资料来源:《中国统计年鉴2007》。

（三）市场化

中国的渐进转型过程是由中央集中计划经济向市场经济的体制转型过程,由此带来了资源配置效率的提高与经济激励结构的变化。一方面,由于商品与生产要素的流动越来越多地由市场主导,推动生产要素在部门间重新配置所产生的巨大结构效应,主要是农村劳动力由落后的农业部门转移到具有比较劳动生产率优势的城市现代部门,推动了第二产业与第三产业的发展,并表现出工业化与城市化的加速。另一方面,所有制结构的变化改善了经济的激励结构,并构成近30年来中国经济持续增长的最主要的制度根源。如图3-4所示,改革开放初期,中国的所有制结构几乎是公有制经济一统天下,1978年9514万城镇就业人员中,在国有企业就业的比例高达78.3%,而2006年27331万城镇就业人员中,国有企业就业人员的比重下降到22.7%,绝对人数比1978年少近1000万。

（单位：万人）

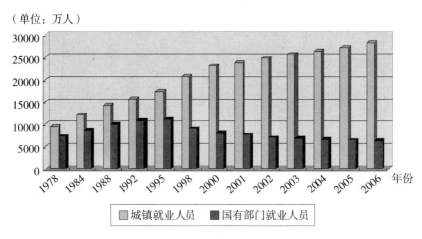

图3-4 国有部门就业人员

资料来源:《中国统计年鉴》相关年份。

（四）国际化

改革与开放是紧密相连的,经济开放带来的经济国际化作为支撑中国经济增长的重要引擎,一方面在于它能够有效缓解经济发展的投资与储蓄的"缺口",加快资本积累的速度;另一方面,开放有助于技术水平相对落后的国家更多地享受全球技术进步的好处。过去的近30年,得益于坚定不移地实行对外开放,中国经济已从封闭走向开放,越来越紧密地融入全球经济。截至2004年,中国已累计合同利用外资超过1万亿美元,2005年全年商品净出口接近1.8万亿美元,进出口占GDP的比重接近50%,中国已成为世界第四大经济体和第三大贸易国,如图3-5所示。

（单位：亿元，当年价格）

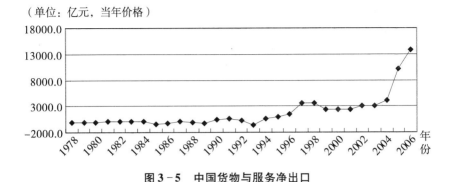

图3-5　中国货物与服务净出口

资料来源：《中国统计年鉴2007》。

二、改革以来的双重转型

尽管改革开放以来的中国经济增长可以归结为上述"四大引擎"的拉动，但进一步看，增长是建立在所谓的双重转型之上的。在上述"四大引擎"中，工业化和城市化可以归结为经济结构的转型，而市场化和国际化则可以归结为体制结构的转型，因此，双重转型是研究中国经济现象的最大背景（陈宗胜，1995；厉以宁，1997）。

（一）两个产业三个部门经济模型

对于一个处于双重转型的经济来说，一个单部门模型显然无法刻画出经济的主要特征，根据萨克斯、胡永泰（Sachs and Woo，1994），像中国这样的双重转型经济可以用两个产业、三个部门的经济模型来描述。

如图3-6所示，双重转型经济包括两个产业：一个传统产业，主要是劳动生产率较低、产品的收入需求弹性随着人均收入水平提高而下降的传统农业；另一个是现代产业，其劳动生产率较高，产品的收入需求弹性随着人均收入水平的提高而提高。现代产业根据所有制性质的不同，又可分为现代公有制部门和现代非公有制部门。这两个部门尽管都使用现代生产技术，但现代非公制部门的生产要素供给由市场决定，现代公有制部门的生产要素供给可以不由市场来决定。这样，这个经济包含了三个部门：传统的农业部门、现代非公有制部门和现代公有制部门。

由于传统部门的生产率较低并且其产品的收入需求弹性随收入水平的提高而下降，因而在保证经济的传统产品需求后，传统部门的劳动

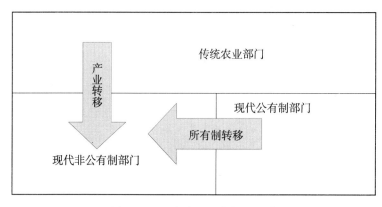

图 3-6　两个产业三个部门经济

力与经济剩余会转移到生产率较高的现代部门。而在另一方面,由于现代非公有制部门的生产要素供给由市场决定,现代公有制部门的生产要素供给可以不由市场来决定,因而传统部门的剩余劳动力将主要流向现代非公有制部门,同时部分经济剩余也将流入这一部门。因此,这样的两个产业三个部门经济随着经济发展将出现双重转型过程,一方面表现为现代非公有制部门的经济规模由于生产要素的不断流入而逐渐扩大的体制转型过程;另一方面又表现为传统农业部门因生产要素和剩余的不断流出,其规模与就业的份额不断下降的结构转型过程。

体制转型的路径是现代公有制部门向现代非公有制部门的所有制转移。以工业部门为例,从 20 世纪 90 年代中期开始,由于大量中小型国有和集体企业被改制为非公有制企业,国有企业和集体企业数量及其产值在总产值中的份额急剧下降。1995 年,中国国有工业与集体工业企业数量多达 168 万多家,占全部工业企业数的 21%,工业总产值达 64843 亿元,占全国工业总产值的 71%。2006 年,国有及国有控股工业企业数量下降到 24961 户,仅占全部规模以上工业企业数的 8%,工业总产值 98910 亿元,占规模以上工业总产值的 35%。①

结构转型的路径是传统农业部门向现代非公有制部门的产业转移,以农村劳动力大规模地向现代非公有制部门转移为主要形式。早

---

①　根据《中国统计年鉴 1996》、《中国统计年鉴 2007》计算。

期的农村劳动力转移主要以乡镇企业为载体。1978 年全国乡镇企业就业人数仅为 2827 万人,1992 年达到了 10624.59 万人。① 中后期的农村劳动力转移除在本地向现代非公有制部门转移外,跨地区向外省现代非公有制部门转移成为劳动力转移的另一个重要载体。据估计,1997 年,农村转移劳动力约 8315 万人,2000 年达到 11340 万人,平均每年增长约 1008 万人,其中跨省转移的农村劳动力达 2800 万人。② 2005 年全国 1% 人口抽样调查数据则显示,流动人口为 14735 万人,其中,跨省流动人口高达 4779 万人。③

(二)结构转型中现代非公有制部门

现代非公有制部门的资本主要来自于经济剩余,劳动力供给则主要来自于农村剩余劳动力,因而这一部门可以根据二元经济理论进行分析。

根据二元经济理论,一个经济的二元结构转变过程可以分为三个阶段:第一阶段农业的劳动边际生产率等于或接近于零,第二阶段农业的劳动边际生产率大于零但小于费景汉、拉尼斯(Ranis and Fei,1961)所称的"不变制度工资"。在这两个阶段,由于城市部门的工资高于从事农业的收入,农村劳动力会源源不断地涌向城市,并且由于劳动力近乎无限供给(Lewis,1954),城市部门的工资率在这一时期并不发生变化。随着劳动力的不断流出,一旦到了二元结构转变的第三阶段,由于劳动的边际生产率高于不变制度工资,工资水平就会由市场而不是由制度决定,这时的劳动力供给不再是近乎于无限供给,而是有弹性的供给。上述过程可以用图 3 - 7 表示。④

---

① 根据《中国劳动统计年鉴 2004》计算。

② 劳动与社会保障部、国家统计局:《2000 年中国农村劳动力就业及流动状况》,(EB/OL)http://www.lm.gov.cn/gb/data/node4080.htm。

③ 国家统计局:《2005 年全国 1% 人口抽样调查公报》,(EB/OL)http://www.cpirc.org.cn/tjsj/tjsj_gb_detail.asp?id=6543。

④ 本节的分析框架主要依据的是古典二元经济模型,它与新古典二元经济模型(如乔根森,1966)的主要区别在于传统部门的劳动边际生产率是否为零,参见谭崇台(2001)。对于中国这样的农业容纳巨大劳动力的经济来说,是否作这样的区分意义不大,因为本书着重分析由于劳动力大量供给而导致工资率不变这一发展阶段的现代非公有制部门的阶段性经济特征。

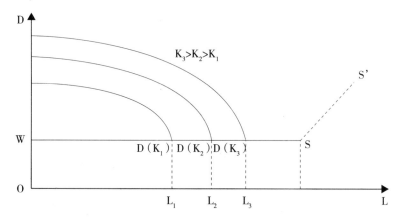

图 3 - 7　二元结构转变不同阶段的工资率

图中纵轴为边际劳动生产率和工资率,横轴为劳动量,K 为资本,$D(\cdot)$ 为劳动边际产品,W 为"不变制度工资",SS' 为工资市场化决定阶段,即劳动力转移的第三阶段。

　　由于中国农村剩余劳动力数量过于庞大,从 1978 年以来结构转型的大部分时间仍然处于二元结构转变的第一和第二这两个阶段,这个时期由于劳动力近乎于无限供给,转移劳动力的工资率也近乎不变。根据不同的估计,中国农村存在着大量的剩余劳动力。王红玲(1998)估算了 1994 年中国的农业剩余劳动力,认为剩余劳动力数量约为 1.2 亿;王检贵、丁守海(2005)根据钱纳里等归纳的经济发展经验模型,估计出 2003 年中国农业剩余劳动力数量为 4500 万;郭金兴(2007)采用随机前沿分析方法,利用省际面板数据对中国农业剩余劳动力的数量和比例进行了估算,认为 1996 年以来中国农业剩余劳动力并没有明显的下降趋势,目前农业剩余劳动力数量约为 1 亿人。由于劳动力近乎于无限供给,城市非公有制部门的工资率在相当长的时期内保持不变。目前,尚没有关于转移劳动力工资率的正式统计数据,但一些非正式调查数据表明,"农民工"的工资在改革开放大部分时间内并没有较大的增加,珠江三角洲的"农民工"的月工资在整个 20 世纪 90 年代仅上涨了 68 元。2006 年国务院研究室发布的《中国农民工调研报告》也称,转移劳动力的月工资平均较低,主要集中在 500 ~ 800 元之间。[①]　而在

―――――――――

　　①　如果考虑通货膨胀因素,转移劳动力的实际工资有可能是下降的。

同一时期,国有部门的工资年均增长超过了14%。①

在工资率水平固定不变的情况下,现代非公有制部门可以在不变的利润率下快速扩张。同时工资率的固定不变,又会使企业可以获得全部的技术进步收益,城市部门的利润率甚至是递增的(Lewis,1955)。所以,现代非公有制部门的资本边际报酬可以认为是不变的。

(三)体制转型中现代公有制部门

农村转移劳动力主要是流入现代非公有制部门,而现代公有制部门的劳动力供给是有弹性的,因此这一部门的资本边际报酬是递减的。②

表3-2给出了1981~2005年全社会固定资产投资与就业情况,运用这组数据通过简单的计算可以得到,1981~1992年期间,国有经济投资在全社会固定资产投资中的份额平均约为66%,但国有经济就业增加占全部就业增加的比例只有19%;1993~2005年,国有经济投资在全社会固定资产投资中的平均份额尽管下降到约为49%,但国有经济就业人数的绝对数却减少了4432万人。这表明自改革开放以来,国有经济部门一直存在比较明显的资本深化过程,在20世纪90年代之后更为明显。从中国增长的现实来看,很难看出国有经济的技术进步大到足以抵消报酬递减趋势的地步,因而可以认为现代公有制部门的资本边际报酬是递减的。③

表3-2　1981~2005年全社会固定资产投资与就业

年份	投资总额 (亿元)	国有经济投资 (亿元)	全社会就业 增加(万人)	国有经济就业 增加(万人)
1980	910.9	745.9	—	—
1981	961	667.5	1364	362

① 国有部门的工资增长根据《中国统计年鉴2007》估算。

② 当存在较快技术进步的情况下,根据内生增长理论,劳动力有限供给时也有可能出现不变报酬或递增报酬。

③ 如果非国有部门的劳动力供给像国有部门一样是有弹性的,在中国当前的增长背景下,它也会像国有部门一样,其资本边际收益是递减的。

年份	投资总额（亿元）	国有经济投资（亿元）	全社会就业增加（万人）	国有经济就业增加（万人）
1982	1230.4	845.3	1570	258
1983	1430.1	952.0	1141	141
1984	1832.9	1185.2	1761	-134
1985	2543.2	1680.5	1676	353
1986	3120.6	2079.4	1409	343
1987	3701.7	2448.8	1501	318
1988	4753.8	3020.0	1551	333
1989	4410.4	2808.2	995	124
1990	4517.0	2986.3	9420	238
1991	5594.5	3713.8	742	318
1992	8080.1	5498.7	661	225
1993	13072.3	7925.0	656	31
1994	17042.1	9615.0	647	-30
1995	20019.3	10898.2	610	65
1996	22913.5	12006.2	885	-6
1997	24941.1	13091.7	870	-183
1998	28406.2	15369.3	817	-1957
1999	29854.7	15947.8	757	-237
2000	32917.7	16504.4	691	-470
2001	37213.5	17607.0	940	-462
2002	43499.9	18877.4	715	-477
2003	55566.6	21661.0	692	-297
2004	70477.4	25027.6	768	-156
2005	88773.6	29666.9	625	-222

资料来源:根据《新中国五十年统计资料汇编》、《中国统计年鉴》历年计算。①

国有部门资本密度快速提高并不完全是一件坏事。因为一方面即

---

① 1980~1998年数据来源于《新中国五十年统计资料汇编》,由于统计口径的问题,1995~1998年数据与统计年鉴的数据有一定出入,考虑到一致性,本表未做调整。

使是成熟市场经济,由于可能出现的"市场失灵"现象,政府在一些领域会取代市场配置资源;另一方面,从中国的实际出发,政府利用所控制的经济资源投资于一些资本密集的基础设施行业、高技术产业,来缓解经济增长的"瓶颈"制约、提高本国经济竞争力,也是非常必要的。

当然,现代非公有制部门的不变报酬和现代公有制部门的报酬递减特征,只是通过抽象得出的这两个部门的主要特征,并不表明在现代非公有制部门就没有报酬递减的成分,现代公有制部门就没有报酬不变甚至递增的成分,但无论如何,从转移劳动力工资率多年不变这一现象出发,现代部门肯定存在着报酬不变的成分,并且主要存在于现代非公有制部门。为了避免理解上差异,下文中将以不变报酬部门和报酬递减部门进行区别。

第二节　双重转型经济资本边际报酬特征

一、总产出模型

假设 X 部门为不变报酬部门,因而 X 部门的生产函数可以近似用经典的 AK 生产函数表示;Y 部门为报酬递减部门,因而 Y 部门的生产函数可以用常见的柯布—道格拉斯型生产函数表示。两部门具有不同的技术水平 $A(t)$、$B(t)$,经济的总资本 K 在两个部门按 $\varphi(t)$ 比例分配,X 部门使用 $[1 - \varphi(t)]K(t)$ 的资本,Y 部门使用 $\varphi(t)K(t)$ 的资本。除使用资本外,Y 部门还使用劳动 $L_M(t)$,其产出弹性为 $1 - \alpha$($1 > \alpha > 0$)。[①]这样,经济的总产出可以表示为:

$$F(K(t), L(t)) = A(t)(1 - \varphi(t))K(t) + B(t)$$
$$L_M(t)^{1-\alpha}, 1 > \alpha > 0 \qquad (3.2.1)$$

为简单起见,总产出没有考虑两个产业三个部门经济的传统部门生产,因为传统部门产品的收入需求弹性通常小于1,所以其产出占总产出的份额会随着经济增长而不断下降,总量增长主要来源于现代部门的增长。需要指出的是,尽管传统部门对总量增长的贡献会越来越

---

① 当然,X 部门也使用劳动。

低,但劳动力转移却依赖于其劳动生产率的不断提高。

这一函数形式类似于琼斯和真野惠里(Jones and Manuelli,1990)提出的扩展 AK 生产函数,与舒元等(2002)提出的 AK 生产函数有类似之处,但不同的是,这里用 $A(t)[1-\varphi(t)]K(t)$ 表示经济中由于劳动力转移而产生的具有不变资本边际收益的生产部门 X 的产出,$B(t)[\varphi(t)K(t)]^{\alpha}L_M(t)^{1-\alpha}$ 表示由于资源配置的非市场化而产生的具有递减资本边际收益部门 Y 的产出。下面将要看到,从全社会总产出角度来考察,当满足一定条件时,经济可以表现出不变报酬甚至递增报酬,也可以表现出递减报酬。

$\varphi(t)$ 表示总资本存量在这两个部门中的配置比例,它具有两重含义:第一,它可以被视为体制转型程度的一个指标,在转型过程中,如果资源配置越来越多地由市场来决定,由于 Y 部门服从资本边际收益递减,给定技术水平 $A(t)$、$B(t)$ 不变,那么当 X 部门的资本边际生产率大于 Y 部门时,经济所有的新增资本会全部配置到 X 部门。但是,由于经济转型过程中政府在一定时期还将替代市场进行资源配置,因而即使 Y 部门的资本边际生产率低于 X 部门,政府仍将一部分资源配置到 Y 部门。第二,$\varphi(t)$ 也可以理解成度量劳动力转移规模即结构转型的一个指标,因为 X 部门配置到更多的资本,在给定生产技术下,会吸纳更多的农村转移劳动力。根据 $\varphi(t)$ 的上述含义,双重转型的速度可以以 $\varphi(t)$ 的变化率 $[\varphi(t+1)-\varphi(t)]/\varphi(t)$ 来表示。

为简单起见,假定 $LM(t)=1$,则生产函数可以改写为:[①]

$$F[K(t)] = A(t)[1-\varphi(t)]K(t) + B(t)[\varphi(t)K(t)]^{\alpha}$$

$$(3.2.2)$$

二、资本边际报酬性质

在 t_0 时刻,经济的资本边际收益为:

$$F'(t_0) = A(t_0)[1-\varphi(t_0)] + \alpha B(t_0)\varphi(t_0)^{\alpha}K(t_0)^{\alpha-1}$$

$$(3.2.3)$$

———————

① $L_M(t)$ 不是常数并不影响模型的基本结论。

考虑以下三种极端的情形:(1) t_0 时刻后,全部新增资本配置到 X 部门,增加 X 部门的资本存量。(2) t_0 时刻后,全部新增资本配置到 Y 部门,用于增加 Y 部门的资本存量。(3)全部新增资本在两个部门之间配置,保持两个部门的资本存量的相对比例不变。

在第一种情况下,任意 $i > 1$ 的 t_i 时刻,经济的资本边际报酬为:

$$F'(t_i) = A(t_i)[1 - \varphi(t_i)] \tag{3.2.4}$$

任意 $i + 1$ 与 i 时刻的资本边际收益之差为:

$$F'(t_{i+1}) - F'(t_i) = A(t_{i+1})[1 - \varphi(t_{i+1})] - A(t_i)[1 - \varphi(t_i)] \tag{3.2.5}$$

假设 $A(t)$、$B(t)$ 为常数,因为 $\varphi(t_{i+1}) < \varphi(t_i)$ 成立,因此 $F'(t_{i+1}) - F'(t_i) > 0$,这时的资本边际报酬是递增的。

对于第二种情形,由于新增资本配置到资本边际报酬递减的 Y 部门,显然有 $F'(t_{i+1}) - F'(t_i) < 0$,这时经济的资本边际报酬是递减的。

第三种情形,任意两个时刻资本边际报酬之差为:

$$F'(t_{i+1}) - F'(t_i) = A(t)[\varphi(t_i) - \varphi(t_{i+1})] +$$
$$\alpha B(t)[\varphi(t_{i+1})^\alpha K(t_{i+1})^{\alpha-1} - \varphi(t_i)K(t_i)^{\alpha-1}] \tag{3.2.6}$$

由于 $\varphi(t_{i+1}) = \varphi(t_i)$,上式右边第一个表达式为 0,第二项表达式为负,所以 $F'(t_{i+1}) - F'(t_i) < 0$。因此,$\varphi(t_{i+1}) < \varphi(t_i)$ 是资本边际报酬递增存在的必要条件。

进一步看,对于任意配置比例,只要满足:

$$F'(t_{i+1}) - F'(t_i) = A(t)[\varphi(t_i) - \varphi(t_{i+1})] + \alpha B(t)[\varphi(t_{i+1})^\alpha$$
$$K(t_{i+1})^{\alpha-1} - \varphi(t_i)K(t_i)^{\alpha-1}] > 0 \tag{3.2.7}$$

资本边际报酬就是递增的。因为 $\varphi(t_{i+1}) < \varphi(t_i)$ 是资本边际报酬递增存在的必要条件,因此有:

$$\varphi(t_i)^\alpha K(t_i)^{\alpha-1} > \varphi(t_{i+1})K(t_i)^{\alpha-1} \tag{3.2.8}$$

根据式(3.2.7),式(3.2.8)成立必然有下式成立:

$$F'(t_{i+1}) - F'(t_i) = A(t)[\varphi(t_i) - \varphi(t_{i+1})] - \alpha B(t)[\varphi(t_{i+1})^\alpha$$
$$K(t_i)^{\alpha-1} - \varphi(t_{i+1})K(t_{i+1})^{\alpha-1}] > 0 \tag{3.2.9}$$

解出上式有：

$$\frac{\varphi(t_i)}{\varphi(t_{i+1})} > 1 + \frac{\alpha B(t)\left[K(t_i)^{\alpha-1} - K(t_{i+1})^{\alpha-1}\right]\varphi(t_{i+1})^{\alpha-1}}{A(t)}$$

(3.2.10)

式(3.2.10)表明,双重转型经济的资本边际报酬既有可能是递增的,也有可能是递减的,经济的双重转型速度、两部门生产率差异、投资率与 Y 部门的资本产出弹性共同决定资本边际报酬的性质。

三、数值模拟

式(3.2.10)很难得到它的显式解,为了了解资本边际报酬的特征,我们对式(3.2.10)进行数值模拟,来描述双重转型速度、不同部门相对生产率的变动对经济资本边际报酬的影响。

图 3-8 为满足资本边际报酬不变时 φ 的数值模拟结果,图 3-9 为两部门生产率存在不同差异的情况下满足资本边际报酬不变的 φ 的数值模拟结果。在这两个数值模拟中,均假设了资本积累方程为 $K(t+1) = 1.25K(t)$,资本产出弹性 $\alpha = 0.5$,初始资本存量 $K(0) = 100$,初始资本分配比例 $\varphi(0) = 0.81$。

资本积累方程隐含着经济的储蓄率为 25%。我们可以看到,1978 年以来中国的资本形成率平均超过 30%,因为模型没有考虑折旧,考虑到这一影响,将储蓄率设为 25%。根据表 3-2,1980 年,当年新增固定资产投资中,有 81% 左右为国有经济的投资,所以我们假定初始两部门的资本分配比例为 0.81。

图 3-8 为假定两部门生产率水平相同时,保持经济总的资本边际报酬不变的 φ 数值模拟结果。从图 3-8 中可以看出,在两部门生产率水平相同的情况下,保持经济的资本边际报酬不变,φ 必须逐期下降,即新增资本必须更多地配置到 X 部门。从不同时期保持资本边际报酬不变对 φ 下降速度的要求来看,前期对 φ 下降的速度要求较快,后期对 φ 下降的速度要求较慢。

数值模型的结果具有以下三方面的经济含义:第一,双重转型速度加快是资本边际报酬不变甚至出现递增的必要条件;第二,在转型早

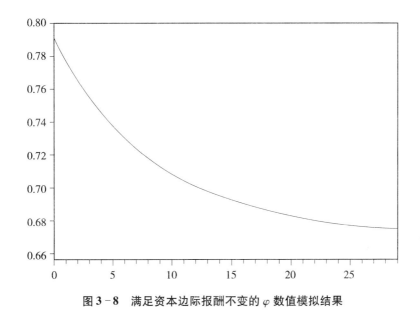

图 3-8　满足资本边际报酬不变的 φ 数值模拟结果

期,需要较快的转型速度才能使得经济的资本边际报酬出现不变或递增的可能,给定转型速度,转型早期出现资本边际报酬不变甚至递增的可能性并不高;第三,在转型后期,并不需要较快的转型速度就可以保持经济资本边际报酬不变,这意味着在转型早期一个并不足以摆脱报酬递减的中等转型速度,随着转型的深入,在转型中后期可能导致报酬递增。

　　图 3-9 为两部门生产率存在差异的情况下,满足资本边际报酬不变的 φ 数值模拟结果。从图 3-9 中可以看出,如果假定 X 部门的生产率是 Y 部门的 5 倍,每个时期保持资本边际报酬不变,29 个时期 φ 只要下降到 0.78 即可,即维持资本边际报酬不变只需要一个较低的 φ 下降速度就可以实现;反之,如果 Y 部门的生产率水平更高,就要求有一个更高的 φ 下降速度。在 Y 部门生产率水平是 X 部门的 5 倍的条件下,29 个时期 φ 必须下降到 0.37,才能保证每个时期的资本边际报酬保持不变。所以,给定转型速度,不同部门相对生产率的变化,也会影响经济资本边际报酬特征。

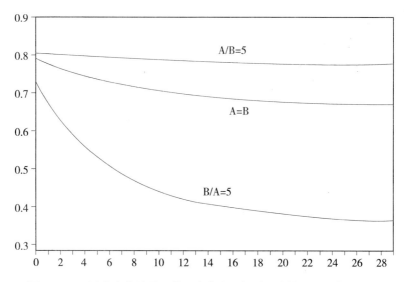

图3-9 不同生产率差异下满足资本边际报酬不变的 φ 数值模拟结果

第三节 双重转型经济的收敛性形成机理

一、经济收敛与发散的条件

假设具有无限期间家庭的一生总效用为:

$$U = \int_0^\infty e^{-\rho t}\left[\frac{c(t)^{1-\gamma}-1}{1-\gamma}\right]dt \qquad (3.3.1)$$

其中,$c(t)$为人均消费;效用函数为常见的不变跨期替代弹性效用函数;$\rho \in (0,1)$且$\rho < A(t)$,为经济行为人的主观时间偏好。为简便起见,我们假定经济没有人口增长,没有折旧。根据巴罗、萨拉伊马丁(1995),在平衡增长路径上,经济增长率g与总消费水平$C(t)$、资本存量$K(t)$的增长率相同:

$$\frac{\dot{C}(t)}{C(t)} = \frac{1}{\gamma}\{F'[K(t)]-\rho\} \qquad (3.3.2)$$

$$\frac{\dot{K}(t)}{K(t)} = \frac{F[K(t)]}{K(t)} - \frac{C(t)}{K(t)} \qquad (3.3.3)$$

$$g = \frac{\dot{C}(t)}{C(t)} = \frac{\dot{K}(t)}{K(t)} \tag{3.3.4}$$

由式(3.3.2),平衡增长路径上经济增长的性质取决于资本边际报酬的性质。当资本边际报酬趋于递增时,经济增长是发散的;如果资本边际报酬是递减的,经济增长就是收敛的。因此,根据上节对双重转型经济资本边际报酬的决定因素分析,由式(3.2.10),可以得出关于双重转型经济收敛与发散现象出现的以下几个命题:

命题1:给定 A(t)、B(t),$\varphi(t)$ 下降且满足式(3.2.10),经济将趋于发散。

这一命题说明了转型速度与经济的收敛与发散现象之间的关系。式(3.2.10)表明,如果给定经济两个部门的生产率水平、具有递减资本边际收益的部门 Y 的资本产出弹性和经济的资本积累速度,φ 的较快下降会导致经济产生发散的趋势。这是可以理解的。φ 的较快下降,意味着新增资本被更多地配置到 X 部门,相对降低了 Y 部门使用的资本占全部资本的比例。由于 X 部门具有不变资本边际报酬,因而经济的总的资本边际报酬将因为配置比例的这种变化而趋于上升。反之,一个较慢的 φ 下降速度或者 φ 上升,将导致收敛的出现,因为此时经济总的资本边际报酬会随着时间而下降。在报酬递增条件下,不同地区的人均收入或劳均产出将与其初始水平呈现出一种正相关关系,初始水平越高的经济,其人均收入或劳均产出的增长越快。

命题2:给定 $\varphi(t)$ 的下降速度,X 部门相对于 Y 部门的生产率水平越高,经济出现发散的可能性越大。

这一命题说明了两部门生产率水平变化可能对收敛性产生的影响。根据式(3.2.3),经济总的资本边际报酬是两部门资本边际报酬的一个加权函数,两部门资本边际报酬与 $\varphi(t)$ 的变化共同决定了经济的总资本边际报酬的特征。一方面,当 X 部门生产率提高时,该部门的资本边际报酬将提高,在给定 $\varphi(t)$ 下降速度的条件下,X 部门的边际报酬在总资本边际报酬中的份额也将提高;从另一方面看,X 部门生产率的提高,也可以理解成 Y 部门生产率的降低,而具有资本边际报酬递减 Y 部门生产率水平越低,其对经济资本边际报酬的影响就越小。所以,如果由于转型的影响经济正在处于发散的趋势之中,具有不变资本边际报酬的 X 部门的生产率水平较快的提高,会强化经济已有的发散趋势。

命题 3:给定 $\varphi(t)$ 的下降速度,经济出现发散的可能性随着时间的推移而不断增大。

命题 3 的含义是,在给定转型速度下,随着转型进程的深入和经济规模的提高,经济出现发散的可能性会越来越大,通过图 3-8 所示的满足资本边际报酬不变的 φ 值数值模拟结果可以清晰地看到这一点。之所以这样,是因为随着不变报酬的成分在经济总产出中的份额增加,它对经济总的资本边际报酬特征的影响也越来越大。在早期,由于不变报酬部门的产出规模较小,需要更快的转型速度,即将新增资本更多地配置到这一部门,经济总的资本边际报酬才不会递减;当它的规模增加到一定程度后,对总的资本边际报酬的影响逐步增大,在转型前期不能引致报酬递增的一个转型速度,在转型后期就可能导致经济总的资本边际报酬递增。

二、收敛性动态特征

以下将集中讨论命题 1 与命题 3 的现实含义,并从中导出现实中像中国这样的双重转型经济收敛性的动态特征。命题 2 将在以后章节中进行讨论。根据 $\varphi(t)$ 的定义,命题 1 预示着,在一个存在双重转型的经济里,经济收敛的性质将取决于体制转型的速度,或者说取决于结构转型的速度即劳动力转移的规模;较慢的体制转型速度或较小规模的劳动力转移往往会引致收敛,而较快的转型速度或持续增加的大规模劳动力转移会使经济增长趋于发散。①

从命题 3 来看,由于在早期经济发散要求 φ 下降较快,因而在转型

---

① 这里仅仅通过论证经济存在资本边际报酬递增的可能性说明地区经济增长发散现象。需要指出的是,报酬递增并不是对所有地区而言的,一方面是因为各个地区的转型速度存在差异;另一方面,在下一节将会看到,生产要素的自由流动将在提高流入地区双重转型速度的同时,降低流出地区的双重转型速度,因而会存在流入地区报酬递增与流出地区报酬递减并存的现象,从而进一步推动地区差距扩大。

早期出现收敛的可能性较大;但随着转型的深入,出现收敛的可能性将逐步减小,出现发散的可能性逐渐加大。给定转型速度,在经历一段时期收敛和从收敛到发散的过渡过程后,经济可能会趋于发散。因此,双重转型经济的增长可能会出现先收敛后发散的动态特征。

但是,由于下面的原因,经济增长最终会趋于收敛。第一,给定其他条件不变,增长所引致的劳动力需求是递增的,而传统部门的生产率持续增长是保持较大规模劳动力转移的必要条件。但是,传统部门要保持生产率的持续增长是不太现实的,这意味着中国二元结构转变迟早要进入古典二元经济模型所描述的第三阶段,不考虑技术进步的影响,X 部门的资本边际报酬迟早也会从不变转变成递减。从目前来看,中国转移劳动力工资率保持不变的阶段似乎已经过去,一些学者认为,中国的二元结构转变正处于刘易斯转折点(蔡昉,2005),即转移劳动力由近乎无限供给转变成有弹性供给,转移劳动力工资率由不变转变成由市场决定。

第二,转型的成效具有明显的边际收益递减的特征。比如,中国农村的改革和城市的国有企业改革,早期的成效比较明显,但随着改革的深入,改革的难度也越来越高,因而在改革后期会出现边际收益递减(黄少安,2000)。尽管根据命题3,转型中后期并不需要更快的 φ 下降速度就可以使经济的资本边际报酬递增,但从目前来看,进一步完善市场经济体制比以往的任何一项改革难度都要大,因此,不能指望体制转型总能保持一定的速度;同时,随着转型过程的结束,φ 的下降速度最终会趋于0。因此,报酬递增的可能性会随着转型目标的逐步实现而逐步减小。

第三,即使在成熟的市场经济中,政府仍具有程度不同的配置资源的权力。从中国的现实来看,中国政府出于国力竞争和地区公平的考虑,一方面会通过直接替代市场配置资源来推动经济增长方式的转变,同时立足于基本经济制度也需要保持一定的经济控制力,更为重要的是,统筹区域发展需要政府在一定程度上替代市场配置资源,所以现实中的 φ 也不可能递减到0。

综上所述,现实中双重转型经济,经济增长出现长期持续发散趋势的可能性并不大,经济增长的动态最有可能是在经历一段时期的收敛后再经历一段时期的发散,最终趋于收敛,在动态上将呈现出倒 N 型变化特征;与此相对应,地区差距也将呈现出倒 N 变化特征,如图 3 - 10 所示。

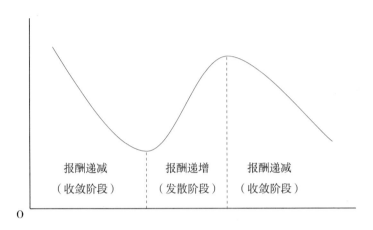

图 3 - 10 双重转型经济收敛性动态特征

三、要素流动对收敛性的影响

在收敛性分析中,要素流动是影响地区收敛性的一个重要因素。在新古典增长理论中,要素流动被认为是一种促进地区收敛的重要机制(巴罗、萨拉伊马丁,1995)。由于新古典理论是在报酬递减的前提下得出要素流动促进地区收敛结论的,而双重转型经济存在阶段性报酬递增的可能性,所以要素流动对收敛性的影响需要进一步分析。

在新古典框架中,生产要素的自由流动能够产生要素报酬均等化趋势,进而促进地区收敛。新古典理论认为,在生产要素自由流动的情况下,无论是资本还是劳动力,总是趋于从边际报酬较低的地区向边际报酬较高的地区流动。由于生产要素的边际报酬是递减的,净流入地区的要素边际报酬会因流入而降低,净流出地区的要素边际报酬会因流出而提高,因而流动具有促进地区收敛的作用。

在一个双重转型经济中,生产要素同样会从边际报酬较高的地区向边际报酬较低的地区流动,但与新古典单部门模型不同的是,由于双重转型经济的现代公有制部门的要素供给并不完全由市场决定,因而生产要素主要是流向现代非公有制部门,而现代非公制部门的要素边际报酬是不变的,因此流入地区要素边际报酬不会因为生产要素的流动而下降。从总的资本边际报酬来看,生产要素的流入不但会阻碍流入地区资本边际报酬下降,甚至还可能推动流入地区资本边际报酬上升。

假设存在两个地区 i 和 o ,两地区的递减报酬部门具有相同的生产技术和技术水平,但不变报酬部门的生产技术水平存在差异,满足 $A_i(t) > A_o(t)$,根据式(3.2.2),这两个地区总量生产函数分别为:

$$F_i[K(t)] = A_i(t)[1 - \varphi_i(t)]K_i(t) + B(t)[\varphi_i(t)K_i(t)]^\alpha$$

(3.3.5)

$$F_o[K(t)] = A_o(t)[1 - \varphi_o(t)]K_o(t) + B(t)[\varphi_o(t)K_o(t)]^\alpha$$

(3.3.6)

由于 $A_i(t) > A_o(t)$,所以 i 地区的不变报酬部门的资本边际报酬将高于 o 地区,当 i 地区的工资率高于 o 地区时, o 地区由市场主导的生产要素将全部流入 i 地区的不变报酬部门。此时,流入地区由于资本全部配置到不变报酬部门, φ 将趋于下降。流出地区 o 由于仍有部分生产要素配置到报酬递减部门, φ 甚至可能会上升。根据式(3.2.10),经济总的资本边际报酬是 φ 的一个减函数,所以,生产要素流入将使两个地区总的资本边际报酬的差异进一步加大,地区 o 的生产要素将加速向地区 i 流动。当生产要素流动的规模足够大时,流动会导致流入地区报酬递增和流出地区报酬递减并存现象的出现。因此,在双重转型经济中,生产要素流动非但不具有促进地区收敛的作用,相反它具有阶段性的推动地区发散的作用。图3-11给出了上述讨论的双重转型经济生产要素流动对收敛性的影响机制。

当然,双重转型经济的收敛性将经历收敛—发散—再收敛三个阶段,当结构转型达到二元结构转变的第三阶段,即现代非公有制部门的生产由于劳动力成本上升不再是报酬不变的情况下,生产要素的流动将产生新古典增长理论所描述的促进地区收敛的作用。因此,生产要素流动对收敛性的影响同样具有阶段性特点。

从中国的现实来看,由于20世纪90年代的市场化改革,劳动力在省际之间流动的限制逐步被取消,大量劳动力涌入工业基础好、技术水

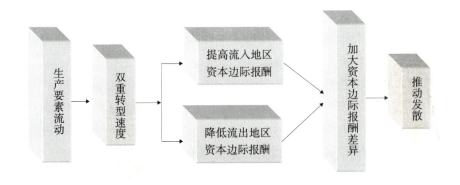

图 3 – 11　生产要素流动对收敛性的影响机理

平较高、非国有经济的规模与发展速度较快、就业机会较多、工资率普遍较高的东部地区;同时由于资本回报率存在差异,由市场主导的资金也由中西部向东部流动(王小鲁、樊纲,2004)。如果没有生产要素的跨区域流动,东部地区的资本和劳动力供给势必将逐步减少,劳动力成本会伴随着资本积累而上升,东部与其他地区的资本回报率的差异迟早会消失,地区差距迟早也会趋于稳定。然而,这一时期却发生了生产要素大规模跨省流动,推迟了流入地区报酬递减出现的时间,强化了流入地区的初始发展优势。而流出地区由于资本和劳动力的双重流出,经济发展的劣势被放大了,这样便形成了缪尔达尔式的循环累积因果效应。而在此前的20世纪80年代,特别是在早期,由于非公有制经济的发展速度较慢,资本与劳动力跨省流动存在制度上的障碍,生产要素流动推动发散的效应并不明显。

　　至此,可以对双重转型经济收敛与发散的基本机理做出总结性描述,如图3–12。双重转型经济的特点可以用具有阶段性不变报酬特征的现代非公有制部门规模的相对扩大和具有递减报酬特征的现代公有制部门规模的相对缩小来刻画,当双重转型速度较快时,由于不变报酬部门的规模扩张较快,经济总的资本边际报酬将出现递增现象,进而地区经济增长将出现发散的趋势;当双重转型速度较慢时,不变报酬部门的规模扩张较慢,经济总的资本边际报酬将出现递减现象,地区经济增长将出现收敛的趋势。由于区域间由市场主导的生产要素流动主要是流入不变报酬部门,因而生产要素流动具有促进地区发散的效应。

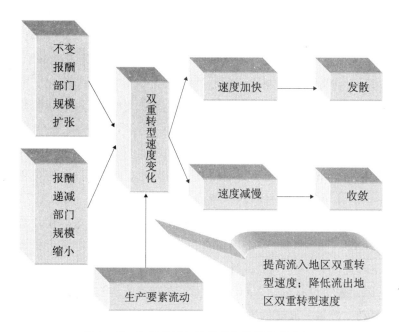

图3-12　双重转型经济收敛与发散的基本机理

第四节　双重转型经济收敛性形成机理实证检验

从第二章收敛性实证研究的主要结论来看,本章第三节关于中国双重转型背景下经济收敛与发散机理的分析,很好地解释了中国地区经济增长收敛性的阶段性特征及地区差距的形成与发展。在本节中,将对本章提出的中国地区经济增长收敛与发散的基本机理做进一步的实证检验。

一、转型速度与地区差距的关系:简单考察

根据第三节的分析,地区差距的扩大即发散对应着体制转型速度的加快或较大规模的劳动力转移,而收敛则对应着较小规模的劳动力转移或体制转型速度的减缓。为了检验这一结论,我们用国有经济固定资产投资占全社会固定资产投资总额的比例衡量转型速度,用每年

乡村劳动力中新增非农劳动力占全部乡村劳动力的比例衡量劳动力转移的速度,考察这两个指标在时间序列上与地区差距是否存在确定的关系。根据第二章的研究,改革以来地区差距的变化可以划分为四个阶段:第一个阶段从 1978 年到 1984 年前后,地区差距是明显缩小的;第二阶段从 1985 年到 1991 年前后,地区差距保持相对稳定;第三阶段从 1992 年到 1997 年前后,地区差距呈加速扩大的趋势;第四阶段从 1998 年到 2006 年,地区差距尽管仍在扩大,但速度有所减缓,并在最近几年有下降的趋势。

上述两个指标来自于《新中国五十年统计资料汇编》和有关年度的《中国统计年鉴》、《中国农村年鉴》中数据的简单计算,其中 1978 年和 1979 年两年的全社会固定资产投资数据缺乏,因此这里仅计算了1980 ~ 1984 年期间国有经济固定资产投资占全社会固定资产投资总额的平均比例。2007 年的统计年鉴没有列出国有经济固定资产投资规模,因而表中没有包括 2006 年数据。在理论上,乡村劳动力中新增非农劳动力数量一般要低于实际的转移量,但由于没有历年劳动力转移数量的正式统计数据,因而这里用非农劳动力的增长速度替代劳动力转移速度,尽管存在一定偏差,但两者趋势应该是一致的。

表 3 - 3　各阶段劳动力转移和国有经济固定资产投资

阶段	转移速度(%)	国有经济固定资产投资占全社会固定资产投资比例
1980 ~ 1984 年	1.38	0.69
1985 ~ 1991 年	1.65	0.65
1992 ~ 1997 年	1.72	0.56
1998 ~ 2005 年	1.65	0.45

资料来源:《新中国五十年统计资料汇编》、《中国统计年鉴》、《中国农村统计年鉴》相关年份。

表 3 - 3 给出的是这两个指标在不同阶段的平均值。对应于地区差距的变化,上述两个指标的变化似乎印证了我们对双重转型背景下经济收敛性特征的分析。1984 年之前,国有经济固定资产占全社会固

定资产投资比例高达0.69,而劳动力转移速度年均只有1.38%,表明这一阶段无论是转型速度还是劳动力转移速度都相对较低,由上节的命题1,这一阶段经济处于收敛之中,地区差距出现逐步缩小的趋势。

1985～1991年期间,随着国有经济投资比例的下降和劳动力转移速度的加快,经济收敛的趋势逐渐弱化,因此这一阶段的地区差距相对稳定。从表3－3中可以看出,国有经济固定资产投资占全社会固定资产投资比例由上一时期的0.69下降到0.65,劳动力年均转移速度由1.38提高到1.65,根据第三节命题1和命题3,这预示着经济可能处于由收敛向发散的过渡过程之中。

从1992年开始,劳动力转移的速度进一步提高,由上阶段的平均1.65%增加到1.72%,同时国有经济的投资比例进一步下降,下降幅度由上一阶段年均约1%提高到年均约1.4%,根据命题1和命题3,两种因素的共同作用使经济增长从收敛转变为发散,引致了地区差距的不断扩大。

第四阶段从20世纪90年代后期起,尽管国有经济的投资比例由1992～1997年期间的0.56下降到0.44,年均下降1.7%,转型的速度进一步加快,但由于劳动力转移速度未能有相应提高,反而从上一阶段的年均1.76%下降到1.65%。这表明尽管体制转型进一步深化,但结构转型的速度有所减缓。同时随着剩余劳动力不断地从农业部门转移出来,二元结构的转变也开始从第一、第二阶段向第三阶段转变,经济中具有不变报酬成分的比重开始下降,因而地区差距尽管仍在扩大,但其速度有所减缓,并且在最近几年出现下降的迹象。

二、地区差距与工资产值比的变化

下面,我们将通过一个更为正式的方法,通过引入度量指标检验本章所阐述的地区收敛与发散的形成机理。在本章的框架中,经济中递减资本边际报酬成分的资本存量占全部资本存量的比例$\varphi(t)$是判断经济收敛性质的最重要指标,但它无法直接进行度量,因而需要根据模型的经济含义导出可以度量的指标来近似代替。众所周知,在最为简单的意义上,总产出将在资本与劳动这两种生产要素之间分配。资本报酬占总产出的份额为$KF'(K)/F(K)$,劳动报酬所占的份

额为 $\xi = 1 - KF'(K)/F(K)$ 。为简便起见,令 $\varphi(t)$ 为常数,记为 φ,对式(3.2.2)求一阶导数后代入劳动报酬份额的计算公式有:

$$\xi = 1 - \frac{A(1-\varphi)K + \alpha B(\varphi K)^\alpha}{A(1-\varphi)K + B(\varphi K)^\alpha} \tag{3.4.1}$$

从上式可以看出,φ 越小,即 AK 部分的比例越高,劳动报酬所占的份额就越小。反之,φ 越大,劳动报酬所占的份额越大。极端情况是,当 $\varphi = 0$ 时,$\xi = 0$;$\varphi = 1$,$\xi = 1 - \alpha$。因此,经济中的劳动报酬的份额 ξ 可以作为 $\varphi(t)$ 的近似指标,通过分析它的变化趋势能够判断经济的收敛性质。

在理论上,收入法国内生产总值核算出的劳动者报酬占国内生产总值的比例可以用来近似代替 ξ,但因为缺少 1978 年以来完整的分省收入法国内生产总值核算数据以及其他的一些原因,我们放弃了这种代替方法,而改用城镇国有部门和集体部门工资总额占第二、三产业总的增加值比例(以下简称工资产值比)来代替 ξ。因为根据模型的含义和中国的现实,转移劳动力的工资率水平可以视为相对不变,并且它肯定低于城镇国有和集体部门的工资率,所以劳动力转移的规模越大,工资产值比就越低,并且其较快上升或下降将预示着经济可能出现收敛或发散的趋势。当然,这种方法没有第一种方法精确,因为它忽略了部分转移劳动力的工资,但是我们认为按照这种方法计算出来的结果更为真实和可信,因为根据我们的计算,20 世纪 90 年代中国各地的工资产值比下降幅度相当大,而根据统计年鉴所提供的 20 世纪 90 年代收入法国内生产总值数据计算出来的劳动者工资在 GDP 中的份额,其变化幅度远小于工资产值比的变化幅度。[①]

① 无论是收入法国内生产总值中的劳动者报酬的份额还是工资产值比指标,反映的都是经济的总产出在不同生产要素之间的分配关系。如果市场是完全的,没有外部性,生产表现出不变规模报酬的性质,生产要素就会按照其边际贡献获得收入,在理论上这两个指标的变化是不大的。而我们计算的工资产值比指标在改革开放以后出现了较大的波动,一方面是由于中国的生产要素市场存在着较大的扭曲,一些生产要素获得了比其边际生产率更高的报酬,另一些生产要素获得的报酬低于其边际生产率;而另一方面,也反映了由于双重转型而导致的生产函数性质的变化。我们这里集中讨论的是后一种情况。

根据历年的《中国统计年鉴》,可以计算出除西藏、重庆外中国各省(市、区)城镇职工工资总额占第二、三产业总增加值比率。由于统计年鉴公布的工资数据并未包括乡镇企业,考虑到各地乡镇企业发展的不均衡,我们以城镇集体企业的工资水平,按照乡镇企业的就业人数对各地区官方公布的工资总额进行调整。因为缺乏完整的分省工资指数数据,这里使用名义数据分析。

表3-4给出了除重庆、西藏外大陆29个省、市、自治区代表年份的工资产值比计算结果。从这张表中可以看出,发达地区的工资产值比一般较低,而落后地区的工资产值比则相对较高。比如,东部发展比较快的省份江苏和浙江,工资产值比在大部分年份都低于0.3,江苏在20世纪90年代中后期的工资产值比更是低于0.2。相比之下,西部大多数省份的工资产值比,大部分年份均高于0.3,宁夏、新疆的工资产值比甚至超过0.4。

表3-4 各地区代表年份工资产值比

地区	1978	1985	1991	1995	1998	2000	2003	2006
北京	0.140	0.299	0.282	0.315	0.317	0.396	0.549	0.431
天津	0.179	0.274	0.335	0.328	0.250	0.338	0.263	0.205
河北	0.266	0.389	0.302	0.283	0.167	0.211	0.221	0.224
山西	0.261	0.300	0.363	0.395	0.243	0.253	0.320	0.298
内蒙古	0.433	0.371	0.467	0.420	0.280	0.343	0.275	0.234
辽宁	0.238	0.281	0.316	0.296	0.198	0.199	0.237	0.283
吉林	0.367	0.402	0.397	0.362	0.301	0.261	0.258	0.274
黑龙江	0.335	0.344	0.309	0.336	0.186	0.173	0.185	0.238
上海	0.118	0.205	0.281	0.277	0.199	0.214	0.312	0.345
江苏	0.243	0.360	0.298	0.230	0.173	0.179	0.227	0.362
浙江	0.338	0.327	0.279	0.250	0.242	0.291	0.400	0.366
安徽	0.345	0.267	0.350	0.339	0.219	0.216	0.250	0.418
福建	0.140	0.354	0.318	0.272	0.174	0.240	0.289	0.321
江西	0.310	0.425	0.405	0.522	0.246	0.229	0.264	0.366

地区	1978	1985	1991	1995	1998	2000	2003	2006
山东	0.246	0.279	0.269	0.241	0.189	0.197	0.243	0.222
河南	0.328	0.346	0.358	0.277	0.206	0.222	0.274	0.295
湖北	0.392	0.380	0.337	0.417	0.199	0.198	0.241	0.302
湖南	0.318	0.409	0.405	0.443	0.215	0.274	0.345	0.364
广东	0.329	0.370	0.370	0.320	0.247	0.219	0.282	0.207
广西	0.344	0.371	0.366	0.366	0.291	0.266	0.316	0.441
海南	0.624	0.527	0.401	0.319	0.262	0.259	0.297	0.356
四川	0.344	0.345	0.373	0.347	0.241	0.247	0.319	0.388
贵州	0.410	0.460	0.432	0.555	0.288	0.301	0.387	0.369
云南	0.386	0.364	0.289	0.316	0.222	0.295	0.335	0.359
陕西	0.353	0.418	0.359	0.362	0.270	0.329	0.392	0.347
甘肃	0.240	0.387	0.432	0.504	0.294	0.348	0.393	0.356
青海	0.317	0.483	0.370	0.422	0.225	0.306	0.328	0.278
宁夏	0.348	0.402	0.395	0.404	0.324	0.436	0.462	0.417
新疆	0.651	0.549	0.385	0.353	0.293	0.208	0.324	0.342

资料来源:根据历年《中国统计年鉴》计算。

在 20 世纪 90 年代中期,各地的工资产值比均经历了一个明显的下降过程,但差异较大。东部地区大部分省份在 20 世纪 90 年代中期前后,工资产值比都经历了一个快速下降的过程,如河北由 1991 年的 0.3 下降到 1998 年的 0.167,山东由 1991 年的 0.37 下降到 1998 年的 0.247;而西部地区的下降速度则相对较慢,比如广西仅由 0.366 下降到 0.291,宁夏由 0.395 下降到 0.324,这表明东部地区的转型速度要快于西部地区,这些省份报酬递增出现的可能性要高于西部地区。

图 3-13 给出了 1978~2006 年期间各大区域工资产值比的变化情况。根据前面的分析,劳动报酬在总产出中的比例上升意味着经济很可能是收敛的,下降则意味着经济可能是发散的。显然,1978~1985年,由于劳动力转移的规模相对还较小,资源配置的方式仍然以计划为主,因而这一阶段的工资产值比是快速上升的,这提示经济处于加速收敛之中;1985~1991 年,由于乡镇企业的崛起,劳动力的转移规模不断

加大,因而这一阶段的工资产值比并没有承接前一时期快速上升的势头,呈现出相对稳定的态势,预示着经济开始由收敛向发散过渡。1991～2006年期间,各地的工资产值比经历了一个大幅度的下降,这显示经济有可能处于发散阶段。[①] 特别是在 20 世纪 90 年代中期,工资产值比的下降非常明显,显示出 20 世纪 90 年代中期中国经济是加速发散的。因为从 20 世纪 90 年代初起,除了通过在本地乡镇企业就业实现就地转移外,由于劳动力流动所受到的实质性限制越来越小,大量的农村劳动力开始跨地区流动,形成了可观的"民工潮"。因此,20 世纪 90 年代开始的地区差距扩大现象,特别是 20 世纪 90 年代中期出现的地区差距加速扩大现象,可以归结于农村劳动力就地转移和跨地区流动规模的不断加大,使经济中资本边际收益递减的成分急剧下降,边际收益不变的成分急剧上升,资本边际报酬出现递增的趋势。

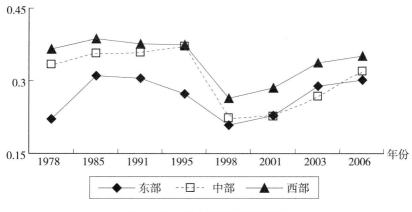

图 3-13　各大区域工资产值比

三、工资产值比与收敛性关系的计量检验

为进一步考察本书所构造的双重转型背景下度量转型的工资产值比指标,并通过这一指标检验经济增长是处于收敛还是发散,这里用

---

① 东部地区在 20 世纪 90 年代早期工资产值比就开始下降,而中西部地区在 1990 年代中期才开始快速下降。由于 20 世纪 90 年代中期,国有企业的改革进一步深化,所以中西部地区工资产值比的下降在很大程度上要由国有企业改革来说明。

式（3.4.2）进行简单的回归。按照前面提出的框架，经济的收敛性质与工资产值比存在着一种反向关系。简单地讲，如果工资产值比较低，并且经济处于发散时，增长率与工资产值比会呈现负相关关系；如果经济处于收敛时，经济增长率与工资产值比就会呈现正相关关系。

$$\log(y_{it}/y_{i0}) = \alpha + \beta_1 \bar{r_i} + \beta_2 \log(s_{i0}) + \varepsilon_{it} \qquad (3.4.2)$$

式中 y_{it} 和 y_{i0} 代表 t 期和 0 期 i 地区的人均产出（名义值），$\bar{r_i}$ 为 i 地区期初与期末工资产值比的平均数，根据上面的分析，如果经济是发散的，其系数为负。s_{i0} 表示 i 地区国有部门初始工资水平。由于 AK 函数的特性，资本边际收益不变，劳动报酬在理论上为 0。但是，市场经济条件下任何一种生产要素都应获得报酬，并且正是由于传统部门与现代部门存在工资差异，农村劳动力才会向城市流动或转移，因此在模型中加入了初始工资水平。这一工资水平越高，越能吸引劳动力转移。可以预期，如果经济是发散的，s_{i0} 的系数应该为正。

表 3 - 5 给出了对 1978～1991 年和 1991～2003 年两个样本的计量分析结果，变量的估计值全部显著，拟合系数也基本符合要求。[1] 这一结果验证了前面的分析。1978～1991 年间的样本回归结果，工资产值比的系数显著为正，初始工资水平的系数显著为负，显示出经济收敛时工资产值比与名义人均 GDP 增长率的负相关关系；1991～2003 年间的样本回归结果，工资产值比系数显著为负，初始工资水平系数显著为正，显示出经济发散时工资产值比与名义人均 GDP 增长率的负相关关系。这表明，1978～1991 年期间，中国的经济增长处于收敛之中，地区差距是缩小的；而在 1991～2003 年期间，中国经济增长处于发散阶段，地区增长差异是扩大的，这符合本书第三章分段收敛检验的结论。

---

[1] 2003 年以后，中国的二元结构转变有进入第三阶段的迹象，"农民工"工资较前出现了较快上涨，因而用式（3.4.2）估计就不再准确了，如何用更好的指标代替需要进一步研究。

表 3 – 5　工资产值比与经济收敛性关系的计量检验结果

被解释变量:名义人均 GDP 增长率		
解释变量	1978 ~ 1991 年	1991 ~ 2003 年
工资产值比平均数	0.57 ** (2.44)	− 0.88 *** (− 2.92)
初始工资的对数	− 0.37 *** (− 4.14)	0.18 * (1.96)
调整后 R^2	0.36	0.22

注:括号内为 t 值, *、* * 和 * * * 分别为90%、95%、99%水平下显著。

借用巴罗回归模型,可以进一步对本书所提出的分析框架进行检验。前文已经指出,当经济转型速度较低时,会引致收敛,因而经济的收敛机制与新古典增长理论所阐述的收敛机制具有同样的收敛效应。因此,当控制了初始工资产值比时,通过巴罗回归应当发现存在条件收敛的证据。但是,一旦经济增长处于发散之中,巴罗回归是无效的。因为当增长发散时,新古典增长理论所描述的经济过渡状态将不复存在,即使控制了初始工资产值比,假定各地区的转型速度是相同的,也难以找到条件收敛的证据。基于上述考虑,我们使用以下的条件收敛检验模型做进一步检验:

$$\log(y_{it}/y_{i0}) = \alpha + \beta_1 \log(y_{i0}) + \beta_2 r_{i0} + \beta_3 \log(s_{i0}) + \varepsilon_{it}$$

$$(3.4.3)$$

3.4.3 式中, r_{i0} 代表 0 期 i 地区工资产值比,其他变量的意义同式(3.4.2)。表 3 – 6 给出了估计结果。

可以看出,1978 ~ 1991 年间,中国经济增长存在条件收敛趋势,即一旦控制了初始工资产值比的差异后,经济增长与初始人均收入水平显著负相关。初始工资产值比系数为负表明,改革开放之初不同地区的初始发展条件,主要表现在经济中具有不变资本边际收益成分的高低,对之后的经济增长至关重要,经济的不变资本边际收益成分越高,经济增长越快,工资产值比每降低 1% ,1978 ~ 1991 年期间的人均名义 GDP 将提高 4.5% 。1991 ~ 2003 年的样本回归结果没有发现任何条件收敛的证据,说明这一阶段的中国经济增长是发散的而不是收敛的,因而巴罗回归是无效的,但初始工资产值比系数为负(t 值也相对较高)并大于 1978~1991 年样本的估计值,说明初始工资产值比的差异仍然是这一阶段地区差距扩大的一个重要因素,一个地区转型的速度越高,其经济增长将越快。1978~2003 年样本尽管呈现了明显的条件收敛趋势,但这种条件收敛并不能用新古典理论来解释,因为至少在 20 世纪 90 年代以后经济是发散的,它仅仅说明了从改革开放以来整个时期来看,资本的边际报酬是递减的。

表 3-6　初始工资产值比与经济增长关系的计量检验结果

被解释变量:名义人均 GDP 增长率			
解释变量	1978~2003 年	1978~1991 年	1991~2003 年
初始人均产出	-0.23^{***} (-4.39)	-0.21^{***} (-5.16)	0.01 (0.14)
初始工资产值比	-0.8^{**} (-2.32)	-0.34 (-1.26)	-0.45 (-1.29)
初始工资的对数	0.36^{***} (3.93)	0.23^{***} (3.24)	0.11 (0.84)
调整后 R^2	0.44	0.50	0.08

注:括号内为 t 值,*、** 和 *** 分别为 90%、95%、99% 水平下显著。

四、农村劳动力跨省流动的收敛效应检验

在本章中,一个较为关键的结论是,生产要素的流动在中国这样的双重转型经济中可能具有促进地区发散的效应。从规模上看,中国的跨省农村劳动力流动每年高达数千万人,超过了欧洲的一个中等规模国家的人口总和。表 3-7 是蔡昉(2005)对 1997~2003 年期间出省打工的农村劳动力的初步估计结果。我们看到,从 1997 年到 2003 年农村外出打工的劳动力由 3890 万人上升到近 1 亿人,其中出省劳动力的数量由 1488 万人上升 2003 年的 4031 万人,出省劳动力占全部外出劳动力的比例由 38% 上升到 2001 年的 47%。2003 年这一比例有所下降,但仍超过 40%。

表 3 - 7　农村劳动力外出情况

年度	全部外出劳动力（万人）	其中:出省劳动力（万人）	出省劳动力占全部外出劳动力的比例
1997	3890	1488	38%
1998	4936	1872	38%
1999	5204	2115	41%
2000	6134	2824	46%
2001	7849	3681	47%
2002	8399	3897	46%
2003	9831	4031	41%

资料来源:蔡昉(2005)。

这样的大规模农村劳动力跨省流动是否具有促进地区收敛的效应,已有研究存在着较大的争论。姚枝仲、周素芳(2003)在一个单部门新古典框架中证明了劳动力流动对于缩小地区差距具有决定性作用,他们运用了泰勒和威廉姆森(Taylor and Williamson,2006)提出的方法,发现省际人口迁移具有缩小地区差距的作用;王德文等人(2003)利用了几乎同样的技术方法和数据,得到了同样的结论;林毅夫等(2004)通过估计迁移者对收入差距的反应弹性,也发现迁移的确是一种缩小差距的机制。而另一方面,一些研究根据新经济地理理论的基本思想,认为由于存在经济的空间集聚,劳动力流动会推动地区差距扩大(范剑勇,2004)。

在实证中,检验农村劳动力流动是否具有收敛效应的最简单的方法,是将劳动力流动纳入增长回归框架,考察劳动力流动对流入地区劳均产出和经济收敛速度的影响。这一方法来自巴罗和萨拉伊马丁(1992)。巴罗和萨拉伊马丁(1992)通过对美国各州、日本各县和欧洲5个国家的样本进行研究时发现,当移民率保持一致时,β收敛速度没有发生多大变化。借鉴他们的做法,我们使用如下的计量方程考察农村跨省劳动力流动对地区收敛性的影响:

$$\ln(y_{it}/y_{i0})/T = C + \beta_1 \ln y_{i0} + \beta_2 \ln INV_i + \beta_3 \ln LABG_i + \beta_4 MIG_i + \varepsilon_i$$

$$(3.4.4)$$

3.4.4 式中, y_{i0} 和 y_{it} 分别为 i 地区 0 期和 t 期的劳均产出, T 为样本周期, INV 为投资率的平均值, LABG 为劳动力增长率的平均值, MIG 为净流入劳动力占全部流动劳动力比例的平均值。

由于缺乏正式的劳动力流动数据, 国内大多数研究是参照巴罗等(1992)的做法, 使用人口迁移数据代替劳动力流动数据进行估计。但移民与劳动力流动是两个不同的概念, 前者迁移的动机是复杂的, 而后者主要由不同地区的工资率差异所驱动。所以, 本章中我们使用劳动和社会保障部培训就业司、国家统计局农村社会经济调查总队《中国农村劳动力就业及流动状况》1997~1998 年、1999 年、2000 年的三个报告中的农村劳动力跨省流动矩阵数据, 先计算出全部农村流动劳动力的数量, 然后根据各省流入、流出劳动力的数量, 用净流入劳动力占全部流动劳动力比例 4 年的均值的百分比, 代表 1993~2004 年期间各省净流入的劳动力占全部流动劳动力的平均比例。

表 3-8 报告了计量分析的结果。第 2 列显示的是控制农村劳动力净流入比例差异的 OLS 回归结果, 第 3 列为未控制劳动力净流入比例的 OLS 回归结果。对比这两个回归的结果, 可以发现, 劳动力净流入对流入地的劳均产出的增长效应达到 0.19, 尽管系数并不显著, 但符合我们在本章理论分析的结论, 即在中国当前双重转型的背景下, 农村劳动力的净流入会提高流入地的劳均产出水平。

表 3-8 农村劳动力跨省流动的收敛效应检验

被解释变量: 劳均产出的年均增长率: 1993~2004 年		
常数项	$-0.27^{***}(-4.42)$	$-0.26^{***}(-4.45)$
MIG	$0.019(0.83)$	
$\text{Ln}(y)_0$	$0.009^{*}(1.86)$	$0.0108^{***}(2.53)$
$\text{Ln}(INV)$	$-0.0054(-037)$	$-0.0084(-0.59)$
$\text{Ln}(LABG)$	$-0.094^{***}(-5.11)$	$-0.091^{***}(-5.18)$
$\bar{R}^2$	0.56	0.54

注: 括号中为 t 值, *、**、*** 分别表示通过 10%、5% 和 1% 显著水平检验。

两个回归中, 初始劳均产出系数均通过了显著性检验。在控制劳动力净流入比例前后,系数估计并没有太大的变化,这一点与巴罗和萨拉伊马丁(1992)检验相似;不同的是,初始劳均产出对数的估计系数从0.108减少到0.009,说明经济的发散速度并没有因为劳动力流动而下降,反而略有上升,显示农村劳动力流动具有微弱的发散效应。

需要指出的是,我们的估计并没有像巴罗等人那样通过工具变量技术来控制参数内生性对回归结果的影响,这是因为:第一,缺乏连续的劳动力流动数据;第二,即使考虑了移民的内生性,巴罗等人的回归结果并没有显著改变最初的结论;第三,这里考察的是农村劳动力的跨省流动,工资率的差异是劳动力流动的决定因素,它不同于移民倾向于向发展前景更好、生活环境更佳的地域迁移,因而参数内生性并不像移民那么严重。所以,尽管没有使用工具变量技术,估计结果应该还是可信的。

表3-9报告了分段检验的结果。可以看出,尽管一些系数的估计并不显著,但总体上分段回归与整体回归的结论是一致的,即农村劳动力流动具有扩散效应。但是,1993～1998年的样本劳动力流动使经济收敛的速度下降了0.0029,而1999～2004年样本的劳动力流动使发散速度的上升仅为0.0014,表明流动的发散效应是不断弱化的。同时,与本章的理论分析一致的是,劳动力流动对流入地劳均产出增长的正效应也是递增的,因为MIG系数估计值从0.22上升到0.03,这进一步印证了双重转型经济资本边际报酬递增可能性的存在。

表3-9 农村劳动力跨省流动的收敛效应分段检验

被解释变量:劳均产出的年均增长率			
	1993～1998 年		1999～2004 年	
常数项	-0.087 (-1.32)	-0.098 (-1.59)	-0.24^{***} (-4.78)	-0.24^{***} (-4.66)
MIG	0.022 (0.49)		0.03 (1.51)	
Lny_0	-0.009 (-0.8)	-0.0061 (0.64)	0.0086^{**} (2.32)	0.010^{**} (2.68)

被解释变量:劳均产出的年均增长率				
LnINV	− 0.0078 (− 032)	− 0.011 (− 0.46)	− 0.00003 (− 0.003)	− 0.003 (− 0.25)
Ln$LABG$	− 0.093 * * * (− 3.32)	− 0.087 (− 3.43)	− 0.097 * * * (7.8)	− 0.093 * * * (7.48)
$\overline{R}^2$	0.31	0.33	0.68	0.67

注:括号中为 t 值,*、* *、* * * 分别表示通过 10%、5% 和 1% 显著水平检验。

第五节 本章小结

在第二章的实证研究中,一个显而易见的结论是,经济发展的初始条件在解释地区差距时至关重要。本章用两个产业三个部门的经济模型研究中国正在进行的体制转型和结构转型这双重转型对经济收敛性的影响。研究发现,当双重转型速度加快时,由于不变报酬部门的规模扩张较快,经济总的资本边际报酬将出现递增现象,进而地区经济增长将出现发散的趋势;当双重转型速度较慢时,不变报酬部门的规模扩张较慢,经济总的资本边际报酬将出现递减现象,地区经济增长将出现收敛的趋势。当经济存在阶段性报酬递增时,经济的初始发展条件将伴随着双重转型速度的加快而自我强化,生产要素流动通过提高流入地区的双重转型速度和降低流出地区的双重转型速度产生缪尔达尔式的循环累积因果效应。20 世纪 90 年代前期由于双重转型速度相对不快,经济处于收敛过程之中,初始发展条件对收敛性的影响并不大,而在 20 世纪 90 年代中期,由于双重转型速度较快,在存在报酬递增的情况下,初始发展条件产生累积因果效应,推动地区差距的扩大。随着转型目标的逐渐实现,现阶段正处于发散与收敛的过渡阶段。分省数据的实证检验结果,很好地验证了形成地区经济收敛性阶段性动态特征的上述机理。

本章还提出了用工资产值比这一指标判断经济的收敛性质和趋势。从 1991～2003 年工资产值比的变化趋势看,可以看到倒 N 型的左半部分,1998 年之后各大区域工资产值比的缓慢上升,是否像我们所揭示的双重转型经济收敛性倒 N 型动态特征,意味着一个"拐点",预示着经济增长有可能由发散转向收敛,未来的地区差距有可能出现缩小的趋势? 1998 年之后,有两种现象值得注意,一是直到前几年才淡出的积极的财政政策,二是沿海地区出现的"用工难"的现象。显然,这两种现象都会造成经济中资本边际报酬递减成分的上升以及资本边际报酬不变成分增长的减缓。但是,财政政策只是一个短期因素,收敛最终要取决于劳动力转移的力度。从目前看,沿海地区"用工难"现象还在持续下去,因此如果对这一现象的发展不加任何干预,当前的"拐点"极有可能是真实的,倒 N 型的右半部分很有可能在今后出现。①

　　尽管本章所阐述的双重转型经济地区经济增长收敛与发散基本机理有助于我们理解改革以来中国地区差距的形成与变化,但是根据中国地区竞争的现实,既然经济发展的初始条件对增长非常重要,那么为什么落后地区不能学习先进地区的经验和技术,不断地改善自身发展的条件,实现向先进地区的赶超呢? 关于这一问题的回答,构成了第四章的主要内容。

---

　　①　需要指出的是,从 2008 年下半年开始,由于全球金融危机传导到国内,东部地区大量劳动密集型产业面临困难,大批"农民工"失业。我们认为,这一现象的出现不会持续很长时间,"用工难"现象会随着全球经济复苏再一次出现。

第四章 政府转型与俱乐部收敛性形成机理

第三章的研究表明,像中国这样的处于双重转型的经济,经济发展的初始条件对于一个地区的经济增长至关重要。这就引出了这样的一个问题:为什么落后地区不能很快地学习先进地区的经验和技术,不断地改善自身发展的条件,实现向先进地区的赶超呢?

在现代增长理论中,大多数模型具有唯一的稳态;而在一些非线性增长模型中,经济增长过程是一个非线性的过程,俱乐部收敛假说正是基于增长非线性而产生的多重均衡的视角来解释增长和差异的。多重均衡产生的最根本的原因是存在发展门槛。由于发展"门槛"的存在,具有不同初始发展条件的经济其增长具有不同的绩效。显然,如果经济增长是非线性的,由于受发展"门槛"的制约,落后地区就难以通过学习先进地区的经验和技术来实现向发达地区的赶超。

根据施莱弗(Shleifer,1997)的研究,经济改革的速度并不是向市场经济成功转型的唯一决定因素,政府转型非常重要。从中国经济增长的现实来看,地方政府在推动地区经济增长中起着非常重要的作用,而这种作用主要是通过由地方政府主导的大规模公共投资实现的,基础设施条件与市场化水平的差异是导致地区差距产生与发展的重要因素。因此,本章将政府引入双重转型经济收敛性分析框架,分析经济增长可能出现的非线性和俱乐部收敛特征形成与变化的主要机理。

第一节 政府与增长

在现代经济增长模型中,任何能改变基本技术水平的因素都会对经济长期增长产生影响。由于政府能提供基础设施条件与公共服务，因此它的活动将可能提升经济的技术水平；同时，政府的公共品供给又主要通过税收来融资的，因而政府活动对经济增长也存在负面作用。①

假定政府购买一部分私人产出，然后利用这些购买向私人生产者提供免费的公共服务。令 G 代表全部的政府购买，根据公共品的定义，公共品是非竞争与非排他的，因而每个企业都能利用全部的 G，并且每一家企业对公共品的利用都不会减少其他企业所能利用的数量。

根据巴罗、萨拉伊马丁(1995)，企业 i 的生产函数可以用以下的柯布—道格拉斯生产函数表示：

$$Y_i = AK_i^\alpha L_i^{1-\alpha} G^\gamma, \tag{4.1.1}$$

式中，α、$\beta < 1$。这个公式意味着每个企业的生产都呈现对私人生产要素投入的不变规模报酬。假设总的劳动力不变，对于固定的 G，经济将面临着对总资本 K 积累的报酬递减；但如果 G 随着 K 的上升而上升，那么上式在特定条件下暗示报酬递减将可能不会发生，即对于固定的 L，生产函数出现对 K 的不变报酬。是否会出现报酬递增，取决于政府购买的产出弹性是否大于$(1 - \alpha)$。如果政府购买的产出弹性小于$(1 - \alpha)$，则 K 和 G 的递减报酬仍将适用。反过来，如果政府购买的产出弹性大于$(1 - \alpha)$，则增长率趋于持续上升。下面将要看到，如果政府购买的产出弹性等于$(1 - \alpha)$，经济将实现内生增长。

假定政府执行平衡预算，其公共支出由对总产出以税率 τ 征收的比例税来融资：

$$G = \tau Y \tag{4.1.2}$$

企业的税后利润为：

$$L_i \cdot \left[(1 - \tau) \cdot Ak_i^\alpha \cdot G^\gamma - w - (r + \delta) \cdot k_i \right] \tag{4.1.3}$$

式中，$k_i = K_i / L_i$，w 是工资率，$(r + \delta)$ 是租金率，利润最大化以及零利润条件意味着工资率等于劳动的税后边际产品，租金率等于资

---

① 当然，政府也可以通过主导投资提高经济人均资本存量来推动经济增长。在上一章中，我们已经分析了政府对现代公有制部门的投资对收敛性的影响，本章将主要分析政府通过公共支出影响经济的技术水平，进而对收敛性产生影响。

本的税后边际产品。令 $k_i = k$,则租金率为:

$$r + \delta = (1 - \tau) \cdot (\partial Y_i / \partial K_i) = (1 - \tau) \cdot \alpha A k^{-(1-\alpha)} \cdot G^\gamma$$

$$(4.1.4)$$

根据式(4.1.1)和式(4.1.2),在 $\gamma = (1 - \alpha)$ 的情况下,有:

$$G = (\tau AL)^{1/\alpha} k \qquad (4.1.5)$$

代入(4.1.4)有:

$$r + \delta = (1 - \tau) \cdot (\partial Y_i / \partial K_i) = (1 - \tau) \cdot \alpha A^{1/\alpha} \cdot (L \cdot \tau)^{(1-\alpha)/\alpha}$$

$$(4.1.6)$$

式(4.1.6)的含义很明确,给定政府支出有较大的外溢,私人投资边际产出的报酬递减趋势会因此而抵消,经济可以实现内生增长。政府对经济增长的影响由以下两个渠道实现: $1 - \tau$ 代表了税收对资本税后边际产品的负效应, $\tau^{(1-\alpha)/\alpha}$ 则代表了公共支出对资本边际产品的正效应。因此,政府规模与人均收入增长率关系是呈倒 U 型的,一个较低的 τ ,公共支出对资本边际产品的正效应占主导地位,因此人均收入的增长率随着 τ 的上升而上升;但随着 τ 的上升,扭曲性税收的负面效应的影响变得更为重要,在人均收入达到一个最高增长率后,税收的扭曲效应占主导地位,更高的 τ 值会导致人均收入增长率的下降。通过对式(4.1.5)对 τ 求导可以得到最优政府规模:

$$\tau = 1 - \alpha \qquad (4.1.7)$$

由于政府一方面通过提供公共服务能够有效地提高私人投资的边际产品,另一方面这种公共服务是通过税收进行融资的,政府支出在产生促进经济增长的正效应的同时,也存在阻碍经济增长的负效应,所以政府支出究竟是促进经济增长还是阻碍经济增长,引起了经济学家的广泛关注,形成了大量的实证研究文献。一种观点认为政府规模与经济增长是负相关的。朗多(Landau,1983)利用 104 个国家 1960~1977 年的有关数据,对经济平均增长率进行回归,发现人均真实 GDP 增长与政府消费占 GDP 比重显著负相关。在另一项研究中,朗多(1985)利用 65 个欠发达国家 1960~1980 年的数据进行增长回归,发现不包括国防和教育的政府消费占 GDP 的比例每提高 1% ,会使人均 GDP 增长显著下降 0.23% 。盖里尔和图洛克(Grier and Tullock,1989)利用 24

个 OECD 国家 1951～1980 年和其他 89 个国家 1961～1980 年的 5 年期平均数据进行回归分析,发现 OECD 国家、非洲和拉丁美洲国家真实 GDP 的增长与政府消费占 GDP 比例的增长显著负相关,但亚洲是正相关的。

另一种观点是政府规模与经济增长正相关。罗宾逊(Rubbinson,1977)以政府收入占 GNP 的比重表示政府规模,发现较大的政府规模可以降低欠发达国家特别是较穷的欠发达国家的"依赖性"而促进经济增长。拉姆(Ram,1986)利用 115 个国家 1960～1970 年和 1970～1980 年的产出、投资、政府服务与人口数据,发现政府消费的系数显著为正,并且这种正效应在低收入国家更强。米勒和罗塞克(Miller and Russek,1997)利用 39 个国家 1975～1984 年的数据回归,发现全部样本国家政府支出的经济增长效应取决于资金来源:通过税收增加财政支出能刺激经济增长,通过国债增加支出会阻碍经济增长。

上述的这些经验研究表明,政府与增长的关系是不确定的,政府支出是促进经济增长还是阻碍经济增长取决于经济发展阶段、政府收入的资金来源和支出结构等许多国家。因此,政府与增长的关系特别是像中国这样处于转型过程中的政府与增长的关系还需要进一步考察。

第二节　中国渐进转型中的政府
转型与政府规模

改革以来中国经济增长是在深刻的转型背景下实现的,与主流"大爆炸"式的转型思路不同的是,中国的转型一直是在中央政府强有力的控制下渐进地进行的。因此,探讨中国经济增长过程中政府与增长关系的起点,是政府本身的转型。

一、中国各级政府的转型模式

无论是发达市场经济还是计划经济,政府都会对经济生活产生影响,但在影响的方式、渠道和程度上存在较大区别。在计划经济体制下,政府介入经济生活的各个方面,直接决定着生产与分配,政府对经济生活的影响是全面的、直接的;在市场经济条件下,政府主要通过公共政策和公共支出对生产与分配产生影响,因而政府对经济生活的影响是有限的、间接的。

当一个经济处于由计划经济向市场经济的转型过程中时,政府也同样处于转型过程之中,它对经济生活影响的方式、渠道和程度将发生改变。根据施莱弗(1997)的研究,政府转型将经历两个过程:第一步是所谓的"经济去政治化"(depoliticized),即由计划经济条件下政府全面介入经济的生产、消费与分配过程,转变成由市场力量决定经济的生产、消费和分配过程;第二步则要求政府承担更多市场经济职能,如提供法律框架保护私人产权、维持正常的交易秩序、对经济进行合理的调控等。这样的转型过程是一个"两步走"过程,本书将这种转型模式称为"两步走"转型模式。① 从中国政府转型的实际来看,中国的政府转型过程并不像施莱弗所分析的那样,采取"两步走"转型模式,而表现为经济去政治化和完善市场体制下政府职能同时进行的模式,本书将这种转型模式称为"同步走"的转型模式。② 中国的各级政府转型采取"同步走"的转型模式,至少存在以下三点理由:

第一,在财政分权体制下上级政府必须拥有足够的政治控制力以减少下级政府的被"俘获"和"竞租"风险。自1978年以来,中国政府通过分权改革,一方面硬化了地方政府的预算约束,促进地方政府做出合适的财政安排;另一方面带来了地方政府在税收和公共产品供给上的竞争,进而激励地方政府为生产要素所有者提供产权保护并为经济增长创造更加有利的环境,包括增加基础设施投入、推动国有企业改革与私营经济发展(Qian and Weingast,1996;张维迎、粟树和,1998)。但是,在财政分权体制下,当地方政府拥有了足够的经济权力时,既可以向伸出"援助之手"好的方面发展,也可以向伸出"攫取之手"坏的方面

---

① "两步走"政府转型模式实际上对应的是"大爆炸"式经济转型方式。

② 作者并不完全同意 Sheilfer 去政治化的观点,但认为政府应逐渐减少对经济的干预,所以我们所理解的去政治化完全是从经济角度考虑的。从政治角度看,从中国的现实出发,保持最基本经济制度和推进大国崛起,需要在中国共产党的强有力领导下实现。

发展(Frye and 施莱弗,1997)。因此,政府在转型过程中存在着这样的两个风险,一是地方政府被既得利益者"俘获"(Capture),二是地方政府的"竞租"(competition for rents)行为,前者会阻止新进入者所产生的竞争,影响经济效率。后者将导致权力寻租和腐败的出现。所以,布兰查德和施莱弗(Blanchard and Shleifer,2001)认为,财政分权必须与政治集中结合起来才能有效地控制下级政府被"俘获"和"竞租"风险并发挥它硬化预算约束、激励制度创新和增加公共产品供给的作用。

改革以来,中央政府在转型过程中一直保持着非常强大的政治控制力。首先,通过提高中央政府在财政收入中的分成比例,不断增加中央政府的宏观调控能力和再分配能力。1978 年,全国财政总收入中中央政府的比重仅占 15.5%。通过财政包干制,中央政府在财政收入的比重迅速提高,1985 年达到 38.4%,并在之后几年稳定在 30% 左右。20 世纪 90 年代又通过分税制改革进一步提高中央政府在税收分成中的比重,1994 年中央政府的财政收入比重上升到 55.7%,此后一直在50% 左右浮动,大部分年份超过了 50%。① 其次,通过严格的干部管理制度保持对下级政府的政治控制力。在中国的组织体制中,下一级官员要由上一级任命,并且非常重要的基层官员的任命也必须报上级备案。最后,通过行政体制改革,减少下级政府直接干预经济的权力。从20 世纪 90 年代开始,中央政府通过一系列改革,使很多直接具有执法权与审批权的部门从"块块"管理转变成由"条条"进行管理,这样的部门包括了工商、税务、质量监督等具有执法权以及土地、金融等具有审批权的部门;同时,根据经济发展和宏观调控的需要,上级政府会每隔一段时期重新进行行政权力的分配。② 所以,中国各级政府在转型的过程中保持了非常强大的政治控制力,并且有能力通过对地方政府的行为进行奖励与惩罚来减少地方政府被"俘获"和"竞租"风险。

第二,在体制转型过程中,需要地方政府作为准市场主体在一段时期内衔接不完全的计划和不完全的市场。转型经济的一个重要特征可

---

① 根据相关年份的《中国统计年鉴》计算。

② 比如,最近的"大部制"改革。

以用不完全计划和不完全市场来归纳。一方面,按照成熟市场经济的标准来衡量转型经济,转型经济的市场调节机制并没有完全发育成熟,产权也不完全清晰,法律架构也没有完全发挥作用;另一方面,经济还存在着明显的计划经济痕迹,大量的经济资源配置还要通过行政审批来实现。在这样的一个不完全市场、不完全计划的经济中,由于产权不明晰、信息不完全、不对称,交易费用必然很高。根据交易费用经济学的主要思想,过高的交易费用会影响资源配置的效率。当地方政府以一个准市场的角色进入这样一个不完全市场、不完全计划的经济之中时,可以发挥弥补市场不足,起到替代市场的作用。比如,地方政府可以发挥收集并处理信息的低成本优势,帮助企业节约寻找市场的费用,特别当供求、价格等市场行情的变化在一个个相对独立的经济区域中发生时,如果企业间的外部交易变为有地方政府组织的地区内部协调,可以大大节省交易成本(洪银兴、曹勇,1996)。同时,各级政府在转型过程中适当地介入经济,在一定程度上充当企业家的角色,也有助于提高转型经济的效率(沈坤荣,1999)。

第三,在转型过程中,各级政府需要控制足够的资源和保持足够的政治控制力来推进制度创新。根据杨瑞龙(1998)的研究,一个中央集权型计划经济的国家有可能成功地向市场经济体制渐进过渡的现实路径是,由改革之初的供给主导型制度变迁方式逐步向中间扩散型制度变迁方式转变,而各级政府则是中间扩散型制度变迁方式的"第一行动集团"。杨瑞龙、杨其静(2000)则进一步指出,由于地方政府参与制度创新大大降低了改革演变成"爆炸式革命"的可能性,同时地方政府在市场取向改革中扮演主动参与者的角色,可以使中国的制度变迁轨迹呈现阶梯状,减弱制度遗产对渐进式市场取向改革的约束,使改革具有帕累托改进的性质。周业安(2000)在哈耶克的社会秩序二元观的基础上,指出中国的改革过程交织着外部规则和内部规则的双重秩序演化路径,而外部规则主要由政府包括各级地方政府来选择。事实上,中国近30年的经济高速增长在很大程度上是通过重大制度创新而实现的,在这之中地方政府都扮演了"第一行动集团"角色,如苏南的乡镇企业、浙江的民营经济等。但是,由于转型的不确定性,地方政府在推进制度创新过程中承担着大量的风险,从降低制度创新过程中的"摩擦成本"(樊纲,1993)出发,各级政府需要保持足够的政治控制力与经济控制力,来保证最基本的社会稳定和各项改革措施的平稳推进。

因此,类似于经济转型所采取的渐进转型方式,即保持原有体制成分相对稳定的基础上,通过体制外成分的成长逐步向市场经济体制过渡,中国政府转型也采取"同步走"的渐进转型方式,并且在整体上略滞后于经济体制的转型。

二、不同转型模式下的政府规模

政府规模,一般是指政府支出占 GDP 的比重。政府转型模式的不同,政府规模的大小与构成必然会存在重大差异。在"两步走"转型模式下,政府的主要支出是提供公共服务和进行公共管理,前者包括提供具有正外部性的公共基础服务,包括基础设施、公共教育、公共卫生和市场经济条件下的法律、制度框架与执行机构等,后者主要包括对市场失灵现象进行规制、对经济波动进行宏观经济调节和进行收入再分配等。

与"两步走"政府转型模式不同的是,"同步走"政府转型模式下的政府不但要提供公共服务和进行公共管理,同时也要保持对下级政府足够的政治控制力并推进制度创新,而保持对下级政府政治控制力和推进制度创新并不是无成本的,因而"同步走"的政府支出不但要包括提供公共服务与进行公共管理的支出,也包括了保持政府政治控制力和推进制度创新的成本。所以,在提供同等公共管理与公共服务的情况下,"同步走"政府转型模式下的政府规模一般要高于"两步走"政府转型模式下的政府规模。图 4-1 给出了两种不同政府转型模式下政府规模的差异。①

"两步走"政府转型模式下政府政治控制力成本,可以通过信息经济学的委托—代理理论框架进行分析。根据信息经济学的主要思想,

---

① 因为落后地区可以低成本地学习发达地区的制度创新经验,所以图 4-1 并没有包含推进制度创新的成本。

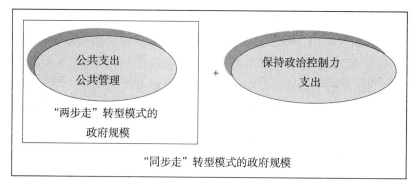

图4-1　不同政府转型模式下政府规模

由于信息是非对称的,下级政府存在道德风险与逆向选择,上级政府必须设计出一个制度框架来使作为代理人的下级政府激励相容,而这样的制度框架的运行是有费用的,存在着信息成本、监督成本、谈判成本等一系列成本(张维迎,2004)。同时,因为下级政府的努力水平只能通过一部分信息进行判断,所以激励相容制度框架本身也会产生负效应(周业安等,2004)。比如,产出指标是可以观察的,也是与下级政府的努力程度正相关的,但下级政府可以通过能够产生负外部性的一些行为,比如污染环境、对抗上级的宏观调控政策来提高产出水平。因此,在激励相容框架外还需要设计一套监督、管理制度来控制下级政府的外部性行为。从中国目前政府的构成体系来看,各级政权结构横向包括"四大班子",即党委、政府、人大、政协,每套班子在功能上存在重叠;在职能设置上,有提供公共服务与公共管理的部门,有对下级进行监督管理的部门,也有专门处理各种社会矛盾与问题的部门。这种功能设置的目的,是一方面通过条块对应的方式收集各种反映下级政府努力程度的有关信息;另一方面在政府体系内形成权力制衡,以保证对下级政府的有效监督;再一方面,这样的组成架构也有利于上级政府处理下级政府负外部行为对经济和社会所产生的不良影响。

三、最小政府规模

在"同步走"政府转型模式下,由于上级政府需要大量的支出维持对下级政府的政治控制力,因而"同步走"政府转型模式下的政府比

"两步走"政府转型模式下的政府一般具有更大的政府规模;同时,由于维持政治控制力成本的存在,即使政府不提供任何公共服务和公共管理,"同步走"政府转型模式下的政府规模也不会趋于0。所以,"同步走"政府转型模式下的政府将存在着一个最小的政府规模。

所谓最小政府规模,本书定义成在政治集权、财政分权的转型经济中,一个地方政府保持最基本的政治控制力和执行最基本的市场经济职能而需要维持的最低政府规模。与政府规模的另一个概念最优政府规模着眼于政府规模多大为最优不同的是,最小政府规模则侧重于说明政府规模必须保持多大才能维持既定体制下的最基本的政府职能,而它的继续减小则有可能导致经济生产率的大幅下降。根据前面的分析,一个地区不能维持最小政府规模而导致经济生产率下降的主要原因是:第一,上级政府由于没有足够的支出而对下级政府失去政治控制力,进而无法控制下级政府被"俘获"或"竞租"风险,导致了经济效率的下降;或者是由于无力保持转型过程中的社会稳定,产生了剧烈的社会动荡,致使投资回报率大幅下降。第二,由于缺乏最基本的公共服务支出,政府无法履行最基本的市场经济职能,导致不能有效地保护产权,市场秩序混乱,价格信号高度扭曲,资源配置效率和边际生产率出现大幅度下降。[①]

从中国的现实来看,如果不存在最小政府规模,由财政分权所产生的地区竞争的约束,会抑制地方政府非生产性公共支出的扩张。然而,由于保持政治控制力的需要,各级政府均存在大量的机构与人员重叠,中国的财政供养人员比例大大高于发达市场经济国家。据王健(2006)的估计,按照公务员/GDP这一标准,美国为2.31人/百万美元,中国为39人/百万美元,公务员"超标"近20倍。[②] 在政治控制力支出成本居高不下的情况下,由于预算内资金会受到更多的约束,所以地方政府

[①] 即使是最激进的思想,政府也应当充当"守夜人"的角色。

[②] 当然,王健将公务员与财政供养人员的概念混淆起来。中国财政供养人员有很大一部分不具有公务员身份,而是所谓的参照公务员管理的事业人员,他们通常受政府正式职能部门的委托代行政府职能,因而这些人员就性质上讲与公务员并无两样。

更倾向于通过地方性法规获得预算外收入以支付政治控制力成本。①

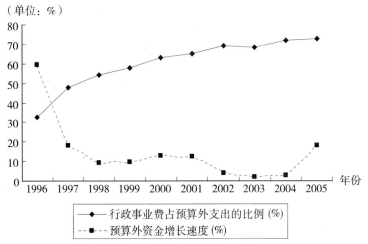

图4-2 预算外收入增长速度及行政事业费的支出比例

图4-2显示的是1996~2005年全国预算外资金的增长及使用情况。从中可以清晰地看到,中国各级政府预算外资金收入一直维持一个高于5%的正增长,大部分年份以10%到30%的速度增长。政府预算外资金收入的绝大部分用于行政事业费的支出,并且其支出占预算外资金的比例逐年上升,20世纪90年代后期仅40%左右,最近几年超过60%,1996~2005年平均比例达到了63%,并且看不见丝毫下降的势头。②

由于政府支出中有相当部分用于支付政治控制力成本,公共支出被大量挤占。以公共教育支出占GDP的比重为例,中国不但远远低于发达国家和世界平均水平,与发展中国家超过4%的水平相比也有一定的差距。同样的问题也存在于政府财政的科技投入上。

① 预算外资金指国家机关、事业单位和社会团体为履行或代行政府职能,依据国家法律、法规和具有法律效力的规章而收取、提取和安排使用的未纳入国家预算管理的各种财政性资金。

② 根据相关年份的《中国财政统计年鉴》计算。从1996年起,预算外资金的核算口径发生了变化,所以图4-2主要反映的是1996以后预算外资金增长及使用情况。同时,由于预算外资金收入中中央政府的比重在1997年后低于10%,因而它能反映地方政府预算外资金的收入与使用情况。

四、最小政府规模对地方政府行为的影响

由于财政分权和政绩锦标制会带来激烈的地区竞争,一个地区的地方政府必须维持这样的最小政府规模,以避免经济增长不会大幅度下降。所以,对于不同经济发展水平的地区,最小政府规模的存在,其政府行为将会表现出不同的特点。发达地区的地方政府,由于本级财政收入一般高于这样的最小政府规模,分权改革所形成的强激励将引导它们通过不断改善能够提高私人投资边际产品的公共产品和服务,如交通、通讯、金融等基础设施条件,来改善本地吸引外部生产要素的环境,其行为表现为"援助之手"功能的不断增强(Qian and Weingast,1996);而对于落后地区来说,由于通过正式体制获得的收入并不足以维持最小政府规模,所以会通过体制外渠道在税收扭曲相对较高的情况下进行融资,其行为将会表现出"攫取之手"功能的强化。

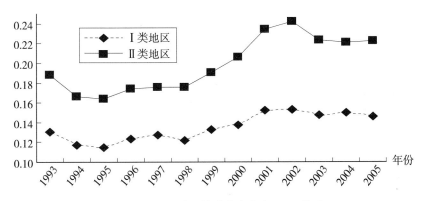

图 4 - 3　不同地区的政府支出占 GDP 比重

图 4 - 3 为两类不同地区 1993～2005 年本级财政支出占 GDP 的平均比重情况。一类地区是 1999 年前后人均 GDP 达到 2500 元左右,为相对发达地区;另一类为 1999 年前后人均 GDP 低于 2500 元的地区,为相对落后的地区。第Ⅰ类地区包括:河北、辽宁、吉林、黑龙江、江苏、浙江、福建、山东、湖北、广东、海南;第Ⅱ类地区包括:山西、内蒙古、安徽、江西、河南、湖南、广西、四川、贵州、云南、西藏、陕西、甘肃、青海、宁夏、新疆。北京、天津、上海因缺乏可比性而不作分析。两类地区地

区的划分标准,将在第五节中进行讨论。本级财政支出包括预算内和预算外,GDP 为名义值。

由图 4-3 可以清晰地看到,两类地区政府支出规模是不同的。1993~1998 年,发达地区的财政支出占 GDP 的比重平均在 12% 左右,但落后地区平均却在 17% 左右,比发达地区平均高出近 5%;1998~2000 年,由于实施积极的财政政策,两类地区的财政支出占 GDP 的比重均有所上升,发达地区上升到 15% 左右,而落后地区上升更多,最高达 24%,比发达地区高出近 9%。2001 年之后,随着积极的财政政策淡出,两类地区的财政支出占 GDP 比重均有所下降,但发达地区下降得更多,呈逐年回落的趋势。总体而言,落后地区的财政支出占 GDP 的比重要高出发达地区 5%~8%。在财政分权和政绩锦标制这样的制度架构下,如果地方政府不受到最小政府规模的约束,落后地区的财权支出规模没有理由高于发达地区。

五、最小政府规模的影响因素

在整个转型时期,最小政府规模并不是一个固定不变的量,它会受到一系列因素的影响。

第一,最小政府规模会因上级政府体制的改革而变化。从保持政治控制力出发,上级政府的体制改革必然要求下级政府的体制做出相应的安排以保持各级政府在职能上的基本对应,在旧的职能机构的人员没有完全消化之前,新的职能机构的建立会在短期使政府规模膨胀。如 1993 年以后的改革,重新界定了中央与地方的财权与事权,对地方政府的支出规模产生了很大的影响(陈抗等,2002)。

第二,最小政府规模也将随着人均收入水平的提高而提高。因为政府支出的相当一部分是政府工作人员的工资支出,随着经济发展,从激励出发,政府工作人员的工资收入需要适当增长才能维持最基本的政府行政效率。① 图 4-4 显示,1995 年以后公共管理与社会组织的平

---

① 正是因为这一点,很多落后地区的地方财政被戏称为"吃饭财政"。

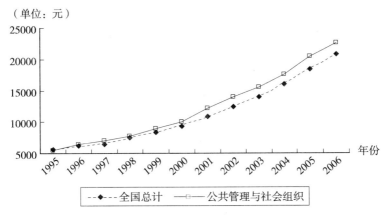

（单位：元）

图 4 - 4　公共管理与社会组织平均工资

资料来源:《中国统计年鉴 2007》。

均工资超过全国平均水平并逐年增加,名义工资年均增长达 13.6%。[1]

第三,最小政府规模会随着经济发展水平的提高而提高。随着经济发展水平的提高,市场规模会不断扩大,同时随着经济发展,分工将进一步细化,市场交易的环节与频度也会随之增加。在这样的情况下,最小政府规模需要与此相适应。平新乔、白洁(2006)的研究发现,由于经济发展,地方政府的非正式代理机构大量增加,致使预算外资金比预算内资金增长得更快。

第四,最小政府规模还会因转型的深入而提高。中国的经济转型采取的是一种渐进转型的方式,所以随着转型的深入,转型的难度也不断加大,进一步转型会提高最小政府规模。首先,继续深化改革需要更大的成本;其次,最重要的是,随着转型的深入,形成了一些既得利益集团,这些既得利益集团通常会寻求权力的再分配来保持既得利益(Acemoglu et.al.,2005),这必然会增加政治控制力成本,进而提高最小政府规模。

第三节　存在最小政府规模经济的增长路径

既然中国地方政府在渐进转型过程中会受到最小政府规模的约

---

① 根据相关年份的《中国统计年鉴》计算。

束,那么,最小政府规模的存在会对一个地区的经济增长进而对地区差距产生什么样的影响呢?

根据上一节的分析,如果一个地区受到最小政府规模的约束,那么较高的税收扭曲和可以提高私人投资边际产品的公共产品和服务的缺乏,会导致人均收入增长缓慢。如果经济没有出现阶段性报酬递增,随着经济的发展,当最小政府规模的增长速度低于经济发展速度时,税收扭曲将会逐渐减小;当政府收入超过最小政府规模时,地方政府开始逐步增加公共品的供给以减缓私人投资边际产品的下降速度,经济进入相对快速的增长阶段。因此,在其他条件不变的情况下,渐进转型中地方政府最小政府规模的存在,使得一个地区的经济增长呈现出先相对缓慢再快速增长的非线性增长模式。

一、模型

根据本章第一节的分析,由于政府能提供基础设施条件与公共服务,它的活动将可能提升经济的技术水平,因此政府支出是作为影响经济的技术水平的一个重要因素进入生产函数。

根据第三章式(3.2.2)所示的双重转型经济总产出模型,经济的资本边际报酬受双重转型速度的影响而呈现不变、递增或递减的阶段性特征。但是,资本边际报酬递增只是在一定时期、一定区域出现,并且在转型早期,经济的资本边际报酬仍然体现出递减的特征,因此,可以用式(4.3.1)来表示包含政府支出的经济的总量生产函数:[①]

$$Y = AK^{\alpha}L^{1-\alpha}G^{\gamma} , \ \alpha \ \beta < 1 \qquad (4.3.1)$$

式中,Y 为经济的总产出,K 为资本存量,L 为劳动力,G 为政府支出,A 为全要素生产率系数,α 为资本产出弹性,γ 为政府支出弹性。在上节中,假定 $\gamma = 1 - \alpha$ 可以实现内生增长。这里遵循新古典传统,假定 $\gamma < 1 - \alpha$。同时,为分析方便,假定劳动力没有增长。

假定政府支出只能通过税收融资,实行平衡预算,法定税率 $\tau = \tau_0$,令 G_0 为最小政府规模。当 $\tau Y < G_0$ 时,政府执行税率:$\tau =$

---

① 为分析上的方便,没有直接使用式(3.2.2)所示的总量生产函数。

G_0/Y。如果实际政府支出小于 G_0，则有 $Y = 0$。

前面已经讨论，如果最小政府规模不能得到维持，经济的生产率会产生较大幅度的下降，我们假设会出现这样的极端情况，即当实际政府支出小于最小政府规模时，总产出降为 0。所以，理性的政府会通过正式税收制度外一切手段进行融资，不惜以增加实际税负的方式维持最小政府规模，实际执行的税率将是最小政府规模与总产出的一个函数。最小政府规模越大，经济实际的税率会越高，经济总量越高，实际的税率会越低。

二、过渡动态

由于经济没有人口增长，则资本积累由下面方程给出：[①]

$$\dot{K}(t) = s(1 - \tau)Y(t) - \delta K(t) \qquad (4.3.2)$$

式中 s 为经济的储蓄率，δ 为折旧率。由于渐进转型中的地方政府存在最小政府规模，因而经济增长将存在三种情形：第一种情形，按法定税率，政府收入不足以维持最小政府规模，政府征税后，实际储蓄仅能补偿折旧，资本存量保持不变；第二种情形，政府按法定税率征税的收入不足以维持最小政府规模，而按最小政府规模确定税率征税后，实际储蓄超过折旧，但稳态资本存量不超过式（4.3.3）所示的"门槛"存量；第三种情形，政府按法定税率的税收不超过最小政府规模，但资本存量超过式（4.3.3）所示的"门槛"存量。

（一）第一种情形

在这种情况下，政府执行税率 $\tau = G_0/Y$，当 $s(Y(t) - G_0) \leqslant \delta K(t)$ 时，实际储蓄仅仅能补偿折旧。由生产函数的性质，此时的均衡状态是稳定的，经济的增长率为 0。这种情形类似于第一章图 1-5 所示的低水平均衡。

（二）第二种情形

由于 $s[Y(t) - G_0] > \delta K(t)$，并且 $\tau_0 Y \leqslant G_0$，所以，按法定税率维

---

① 为了分析的方便，方程没有转换成人均形式，但这不影响最终的结论。

持最小政府规模的产出水平必须达到的"门槛"值为 G_0/τ_0 ,"门槛"资本存量为:

$$\tilde{K} = (L^{\alpha-1}G_0^{1-\gamma}/\tau_0 A)^{1/\alpha} \tag{4.3.3}$$

经济的资本积累方程为:

$$\dot{K}(t) = s[Y(t) - G_0] - \delta K(t) \tag{4.3.4}$$

总产出为:

$$Y(t) = AK(t)^{\alpha}L(t)^{1-\alpha}G_0^{\gamma} \tag{4.3.5}$$

式(4.3.5)的生产函数仍然是新古典的。稳态时资本存量不变,所以稳态的资本存量为:[①]

$$K^* = [s \cdot (1-\tau) \cdot A \cdot L^{1-\alpha} \cdot G_0^{\gamma}/\delta]^{1/(1-\alpha)}, \tau > \tau_0 \tag{4.3.6}$$

由于"门槛"资本存量 $\tilde{K}$ 高于稳态资本存量 K^* ,在经济向稳态过渡的整个过程中,政府始终执行高于法定税率的实际税率,经济将最终收敛于这一稳态 K^* 。从式(4.3.6)可以看出,经济过渡阶段的经济增长率主要依赖于以下三个参数:第一,最小政府规模。最小政府规模越大,实际税率越高,稳态的资本与产出水平越低,过渡阶段的经济增长速度也就越低。第二,经济的储蓄率。经济的储蓄率越高,稳态的资本与产出水平越高,过渡阶段的经济增长速度也就越高。第三,经济的技术水平。技术水平越高,过渡阶段的增长率越快。如果假定最小政府规模不变,经济的过渡动态可以用图4-5表示。[②]

(三)第三种情形

当 $K < \tilde{K}$ 时,政府执行高于法定税率的税率进行征税,此时经济处于低水平均衡的增长路径上;当 $K > \tilde{K}$ 时, $\tau_0 Y > G_0$,政府执行法定税率,经济的资本积累方程和总产出变为:

$$\dot{K}(t) = s(1-\tau_0)Y(t) - \delta K(t) \tag{4.3.7}$$

$$Y(t) = AK(t)^{\alpha}L(t)^{1-\alpha}G^{\gamma} \tag{4.3.8}$$

---

① 因为生产函数仍然具有新古典性质,在没有劳动力增长和外生技术进步时,稳态时储蓄正好等于折旧,根据这一条件可以方便地求出稳态的资本存量。

② 如果最小政府规模随着经济增长而变化但其增速低于经济增长,其过渡动态的性质与假设最小政府规模不变没有本质的区别。

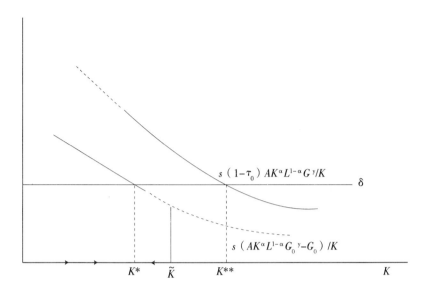

图4-5 存在最小政府规模的低水平增长路径

图中下侧曲线为第一种情形经济的储蓄曲线,上侧为第三种情形经济的储蓄曲线,储蓄曲线与直线 δ 相交时的资本存量为稳态资本存量。当经济处于低水平均衡的过渡增长路径时,由于它的稳态资本存量 K^* 低于门槛资本存量 $\tilde{K}$,经济始终处于低水平均衡的过渡增长路径。

式中,$G = \tau_0 Y$。此时,稳态时的资本存量为:

$$K^{**} = \left\{ \left[s \cdot (1 - \tau_0) \cdot \tau_0^{\gamma/(1-\gamma)} \cdot A^{1/(1-\gamma)} \cdot L^{(1-\alpha)/(1-\gamma)} \right] \middle/ \delta \right\}^{(1-\gamma)/(1-\alpha-\gamma)} \tag{4.3.9}$$

相比式(4.3.6),这一稳态资本存量更高,因而经济具有更高的过渡阶段增长率。

图4-6显示了上述讨论第三种情况的非线性增长路径。$\tilde{K}$ 为经济由缓慢增长向快速增长的转折点。当 $K \leqslant \tilde{K}$ 时,法定税率下的地方财政收入不足以维持最小政府规模,地方政府不提供可以提高私人投资边际产品的公共产品,并且实际税率较高,经济处于缓慢增长的过渡路径之上。当 $K > \tilde{K}$,最小政府规模对地方政府不再构成约束,在较小的实际税率下,地方政府通过增加公共产品的供给,使经济跃入相对快速增长的增长路径。

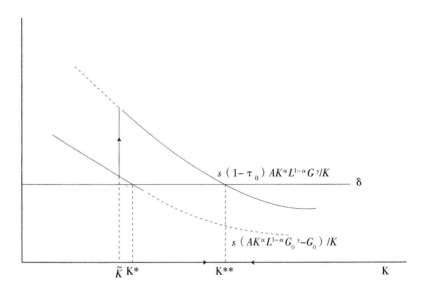

图 4 - 6   从低水平均衡跳跃到高水平均衡的过渡增长路径

图中下侧曲线为第一种情形经济的储蓄曲线,上侧为第三种情形经济的储蓄曲线,储蓄曲线与直线 δ 相交时的资本存量为稳态资本存量。当经济处于低水平均衡的过渡增长路径时,由于它的稳态资本存量 K^* 高于门槛资本存量,经济在资本存量超过门槛值后跳跃到具有高水平均衡的过渡增长路径,它的稳态资本存量为 K^{**}。显然,$K^{**} > K^*$。

三、数值模拟

图 4 - 6 给出的是第三种情形经济增长动态最为简单的描述,图形并未提供从较低均衡指标的过渡增长路径向具有较高均衡指标的过渡增长路径跳跃的细节。为更为准确地描述跳跃时期生产函数的特性与经济增长的动态特征,下面对式(4.3.5)所示的生产函数(满足 $K < \tilde{K}$)和式(4.3.1)所示的生产函数(满足 $K > \tilde{K}$)进行数值模拟。

数值模拟所选择的参数是:$K_0 = 100$,$L = 1$,$A = 4$,$G_0 = 30$,$\alpha = 0.5$,$\gamma = 0.33$,$s = 0.2$,$\tau_0 = 0.2$,$\delta = 0.1$。数值模拟的结果见图 4 - 7 ~ 图 4 - 10。

图 4 - 7 显示从低水平均衡的过渡增长路径跳跃到高水平均衡的过渡增长路径的产出变化情况,横轴为时期数(以下同),纵轴为产出。在这个数值模拟中,第 5 期按法定税率征税的收入超过了 30,因而从

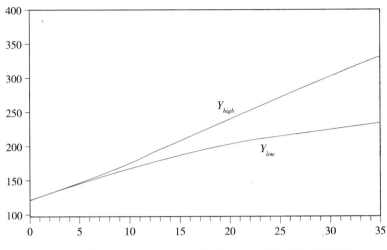

图 4 - 7　从低水平跳跃到高水平均衡的过渡增长路径产出变化

第 5 期开始经济的产出跃上高水平均衡的过渡增长路径。与处于低水平均衡的过渡增长路径相比,产出增长明显提高,35 个时期后,产出超过了 300;而低水平均衡的过渡增长路径 35 个时期后的总产出还不到 220,相差了近 1/3。

图 4 - 8 为资本存量的数值模拟结果,可以看出,资本存量的变化与总产出类似,从第 5 期开始,资本存量增加的速度明显加快。

图 4 - 9 显示的是数值模拟的经济实际税率的变化路径。可以看出,由于需要维持最小政府规模,早期经济的实际税率较高,超过法定税率的 20% 以上。随着产出水平的提高,维持最小政府规模所需要的实际税率逐期下降,实际税率最终收敛到法定税率,从第 6 期开始,政府执行 0.2 的法定税率。① 这与前文分析的政府实际税率的变化是一致的。

图 4 - 10 显示的是资本边际生产率的数值模拟结果。从中可以看出,经济由低水平均衡的过渡增长路径跳跃到高水平均衡的过渡增长

---

① 数值模拟假定了最小政府规模固定不变时的实际税率的变化。如果最小政府规模随着人均收入的提高而扩大,它的增长的绝对数等于总量增长的绝对数,实际税率将不变;它的增长绝对数小于总量增长的绝对数时,实际税率仍将下降,但下降速度低于最小政府规模不变时的下降速度,实际税率向法定税率收敛将经历更多的阶段。

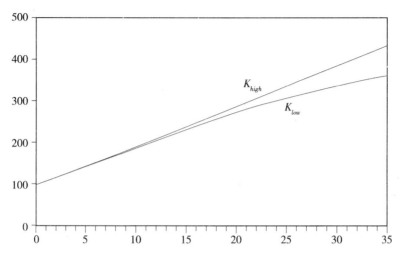

图 4 - 8　从低水平跳跃到高水平均衡的过渡增长路径资本存量变化

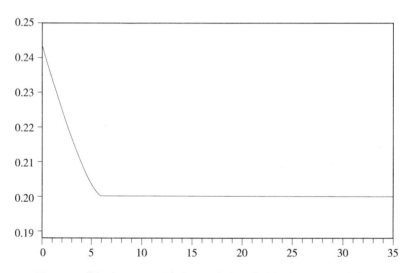

图 4 - 9　从低水平跳跃到高水平均衡的过渡增长路径实际税率变化

路径将经历一段时期的报酬递增。

由图 4 - 10 可以看到,从第 1 期到第 4 期,由于经济处于低水平均衡的过渡增长路径上,资本边际报酬逐期减少,如果沿着这条增长路径,35 个时期将减小到 0.32 左右。但由于经济从第 5 期由低水平均衡的过渡增长路径跳跃到高水平均衡的过渡增长路径,经济开始提供

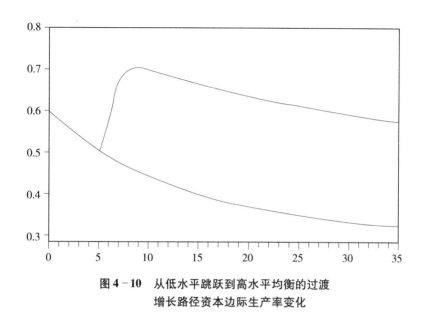

**图 4 - 10　从低水平跳跃到高水平均衡的过渡
增长路径资本边际生产率变化**

可以提高私人投资边际产品的公共品,政府支出的正效应使经济的资
本边际生产率经历了一个递增阶段,这一阶段共持续了 5 个时期,直到
第 10 期结束。由于模型假定了新古典条件,即政府规模的产出弹性低
于劳动的产出弹性,所以经济从第 11 期开始,资本边际生产率又重新
递减,经济逐渐过渡到新的具有更高均衡值的过渡增长路径。由于这
一条增长路径具有较高的稳态人均指标值,因而 35 个时期后,经济的
资本边际报酬仍接近 0.6,比低水平均衡的过渡增长路径同时期的资
本边际报酬高出了近 1 倍。

　　上述的讨论并没有考虑到报酬递增的影响。当出现报酬递增时,
经济将不再受到最小政府规模的约束,经济增长将加速发散。然而,在
一定时期内,报酬递增阶段仅在部分区域出现,所以报酬递增的作用是
缩短部分地区由低水平均衡的过渡增长路径向高水平均衡的过渡增长
路径跳跃的时间。

四、最小政府规模变化对经济增长动态的影响

　　在第二节的讨论中,最小政府规模会随着经济发展水平的提高而

提高,这种变化将对经济的增长动态产生影响。

第一,它降低了处于低水平均衡的过渡增长路径上的经济的稳态指标。从式(4.3.6)可以清晰地看出,实际税率越高,稳态资本存量越低。因为最小政府规模提高会使实际税率提高,所以它会降低稳态的资本存量,过渡阶段的增长率会因此降低。

第二,它会延迟经济由低水平均衡的过渡增长路径向高水平均衡的过渡增长路径的跳跃时间。根据式(4.3.3),"门槛"资本存量是最小政府规模的增函数,最小政府规模越大,"门槛"资本存量越高,所以在储蓄率不变的情况下,经济由低水平均衡的过渡增长路径向高水平均衡的过渡增长路径跳跃需要一个更高的资本存量。

第三,在极端情况下,经济会陷入低水平均衡陷阱。如果最小政府规模的增长(下降)速度是总量增长(下降)速度的递增(递减)函数时,经济将形成如第一章图1-5所示的低水平均衡陷阱,每当经济当事人试图跳出这一低水平均衡陷阱时,由于最小政府规模的增长而导致的实际税率的增加将形成相反趋势,使经济重新回到均衡状态。

第四节 俱乐部收敛性的形成与变化机理

上节讨论的存在最小政府规模条件下的经济,其增长实际上是一种非线性增长。事实上,很多经济学家很早就注意到,实际的经济增长在很多情况下是非线性的。早期的理论强调通过大规模投资突破发展"门槛",如著名的"大推进"模型(Rosenstein-Rodan,1943)、"起飞"模型(Rostow,1960),近期的文献强调由于偏好的差异而导致的生产函数的非凸性所产生的发展"门槛"(盖尔勒,1996;德劳夫,1996)。[1]

本章前几节的分析表明,由于中国的政府转型采取了"同步走"的转型模式,各地区在经济发展过程中将受到最小政府规模的约束,在人均收入水平较低时,体制内收入不足以维持最小政府规模,将通过体制外税收渠道融资,较高的税收扭曲使得人均收入的增长速度相对较慢;

---

① 基于"大推进"思想的一个正式模型请见 Murphy et. al. (1989)。

当人均收入水平达到并超过某一"门槛"时,体制内收入超过最小政府规模,政府开始提供更多的公共产品和服务,公共品的外溢作用使得经济进入快速增长阶段。因此,各地区经济增长的过程实际上是一个非线性增长的过程,而正是由于中国地区经济增长这种非线性特征,使得俱乐部收敛性在不同阶段表现出不同的特点。

一、早期俱乐部收敛的基本成因

根据图4-5显示的非线性增长的过渡动态,当人均收入低于发展的"门槛"值(根据下节的估计,这一"门槛"值在人均收入2500元左右)时,经济处于低水平均衡的过渡增长路径之上。在1992年之前,除北京、上海和天津三个直辖市外,所有省份的人均收入都没有超过2500元。同时,由于在这一阶段各个地区的双重转型速度并不快,经济仍处于收敛—发散—再收敛过程中的第一个收敛阶段。因此,可以认为在1992年之前,大部分地区仍处于低水平均衡的过渡增长路径之上。

根据上节的讨论,当经济处于低水平增长路径时,稳态资本存量是储蓄率与实际税率的一个函数,储蓄率(投资率)越高,实际税率越低,稳态的资本存量越大。在20世纪90年代中期之前,中国实行的是一种不平衡发展战略,国家在给予沿海地区更多的包括税收政策在内的政策优惠和更大的自主权的同时,也给予了沿海地区较多的项目投资。从"六五"到"八五"计划时期的15年中,沿海地区占全国基本建设投资总额的比重平均达50%,而中西部地区大约只有25%和15%。"七五"期间,国家在沿海地区重点建设项目达128个,占全国重点项目数的41.7%,而中、西部地区分别只有66个项目和45个项目,仅占全国重点项目的21.5%和14.7%。[1] 不平衡发展政策在客观上起到了提高东部地区投资率并降低东部地区实际税率的作用,使东部与西部两大区域的稳态均衡位置产生差异,东部与西部形成了两个不同的收敛俱乐部。图4-11描述了早期俱乐部收敛的基本成因。

---

① 蔡昉等:《制度、趋同与人文发展——区域发展和西部开发战略思考》,中国人民大学出版社2002年版,第56页。

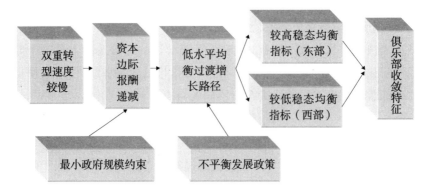

图 4 – 11 早期俱乐部收敛的基本成因

当然,这种俱乐部收敛的形成在本质上并不是由经济增长非线性引致的,它仅仅是统计意义上的俱乐部收敛,因而地区经济增长收敛性同时也表现为条件收敛。

二、20 世纪 90 年代中期之后俱乐部收敛性变化的主要原因

本书第二章的实证检验发现,中国地区经济增长的俱乐部收敛性特征在 20 世纪 90 年代中后期发生了变化:东部地区的俱乐部收敛的趋势趋于弱化,而西部地区俱乐部收敛的趋势则得到了进一步强化。根据上一节的讨论,出现这一变化的主要原因是,随着经济的发展,东部地区各省份相继摆脱了最小政府规模的束缚,经济增长跃上高水平均衡的过渡增长路径,而西部地区各省份仍处于低水平均衡的过渡增长路径上。同时,由于这一阶段发生了较大规模的生产要素跨区域流动,流动对流入和流出地区的双重转型速度的变化产生了相反的效应,在推动东部地区加速摆脱最小政府规模约束的同时,强化了最小政府规模对中西部地区的约束。

20 世纪 90 年代中期是东部地区收敛俱乐部解体的转折点。从 20 世纪 80 年代后期开始,在东部地区的各个省份中,北京、天津、上海在 1988 年前后(上海更早),人均 GDP 超过 2500 元这一发展"门槛";此后,在 1994 年前后,江苏、浙江、广东、辽宁相继突破了发展"门槛";福建在 1999 年前后,海南在 2000 年前后,人均 GDP 也达到 2500 元。随着东部地区各省份逐次突破发展"门槛",相继进入由低水平均衡的过渡增长路径向高水平均衡的过渡增长路径"跳跃"的报酬递增阶段,原有的收敛俱乐部就开始逐渐解体;并且,突破发展"门槛"的省份越多,俱乐部收敛解体的趋势越明显。

因为西部地区人均收入水平相对较低,自改革以来的大部分时期内,基本上处于低水平均衡的过渡增长路径之上;同时,生产要素的流动推迟了这些地区突破发展"门槛"的时间,所以西部地区的俱乐部收敛特征一直比较稳健。从西部省份人均 GDP 的增长来看,直到最近几年,部分省份才突破发展"门槛",而大多数省份离发展"门槛"尚有一定的距离,所以中央对中西部地区政策扶持也没有起到"立竿见影"的作用,东、西部的发展差距在中央实施"西部大开发"战略后仍在进一步拉大。图 4 - 12 说明了 20 世纪 90 年代中期开始的俱乐部收敛性变化的主要原因。

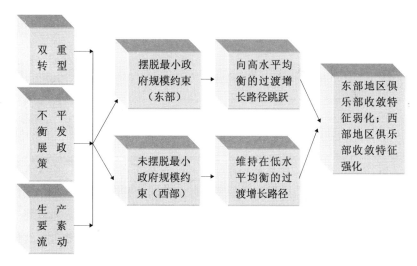

图 4 - 12　20 世纪 90 年代中期之后俱乐部收敛性变化的主要原因

三、俱乐部收敛的未来趋势

随着大部分西部省份突破发展门槛和东部地区人均收入的进一步增长,并且中国的二元结构转变开始向劳动力工资由市场决定阶段转变,未来的俱乐部收敛性特征将可能进一步发生变化。

首先,东部的收敛俱乐部将有可能重新形成。根据第三节的分析,由于政府支出服从报酬递减,所以随着经济的发展,将会由因增长路径跳跃而产生的阶段性报酬递增向报酬递减转变。根据下一节的估计,人均 GDP 7500 元左右是中国地区非线性增长的另一个转折点,此时经济增长重新进入报酬递减阶段,进入这一阶段的地区将再次形成收敛俱乐部。从 2006 年各个省份的人均 GDP 来看,东部的上海、北京、天津已经进入这一阶段,江苏、浙江、广东即将进入这一阶段,所以如果其他条件没有太大变化,东部收敛俱乐部将再次形成,这将与西部尚未解体的收敛俱乐部一起,形成真正意义上的俱乐部收敛。

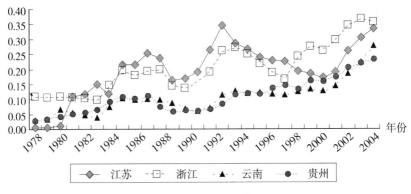

图 4-13 苏、浙、云、贵非国有固定资产投资占 GDP 比例

其次,西部的收敛俱乐部将趋于解体。从西部各省份的人均收入增长来看,未来 3~5 年,全部省份的人均收入都将突破 2500 元。如果其他条件没有变化,这些地区将逐次进入报酬递增阶段,收敛俱乐部将趋于解体。事实上,不但是人均收入指标,一些其他指标也显示出西部省份加速增长的迹象。由图 4-13 可以看出,如果以非国有固定资产投资占 GDP 的比例为例,西部的云南与贵州两省在 1999 年以前远远落后于东部的江苏与浙江,但最近几年与江苏、浙江的差距正在迅速缩小。①

---

① 根据历年《中国统计年鉴》、《新中国五十年统计资料汇编》计算。投资与 GDP 均为名义值。

第五节　发展"门槛"估计及检验

根据前几节的分析,最小政府规模的存在将构成发展"门槛",使得中国地区经济增长呈现非线性特征,进而使俱乐部收敛呈现出阶段性动态特征。本节将对发展"门槛"进行估计并进行简单的检验。

一、发展"门槛"估计

根据式(4.3.3),"门槛"资本存量为 $\tilde{K} = (L^{\alpha-1}G_0^{\gamma-1}/\tau_0 A)^{1/\alpha}$。直接对(4.3.3)进行估计在技术上有很大的难度,因为运用这一表达式进行估计,必须首先度量出最小政府规模的大小,而最小政府规模在现实中是难以度量的。但是,根据对存在最小政府规模经济的增长过渡动态进行分析可以知道,在经济发展早期,由于受到最小政府规模的约束,人均收入的增长率是较为缓慢的;当经济发展突破由最小政府规模所形成的发展"门槛"后,经济在由低水平均衡的过渡增长路径跳跃到高水平均衡的过渡增长路径时,经济增长速度将有一个较大的提高;当经济过渡到新的过渡增长路径后,人均收入的增长率将再次开始下降。因此,人均收入与人均收入增长率之间存在着一种非线性关系,通过非参数方法可以估计出这种非线性关系。利用鲍曼和阿查林里(Bowman and Azzalini,1997)提供的估计方法和软件,我们对中国内地除重庆与西藏外的 29 个省、市、自治区 1978 ~ 2006 年人均 GDP 与其增长率的关系进行了非参数估计。我们的估计使用了作者的标准设置,包括最优正态窗宽、根据观察值密度决定其权重等。[1]

图 4 - 14 给出了人均 GDP 与其增长率关系的非参数估计结果。估计结果显示,人均 GDP 与其增长率之间存在着前面所分析的非线性关系。从图中可以看到,不同地区在经历一个短暂的增长率递增、人均

---

[1]　关于这一估计方法及软件使用的详细说明可参阅作者文章,R 程序代码可以下载:http://www-dse. ec. unipi. it/_aschiand 和 http://www-dse. ec. unipi. it/lavezzi/index. html。

GDP 达到 1500 元左右之后,增长率开始递减,经济进入相对缓慢的增长阶段;当人均 GDP 达到 2500 元左右后,经济增长开始加速,进入一个相对快速的增长阶段;当人均 GDP 达到 7500 元左右时,经济增长速度再次开始下降。

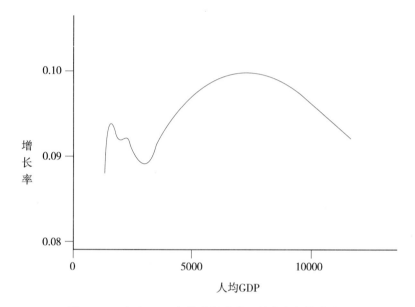

图 4 – 14　人均 GDP 与其增长率关系的非参数估计结果

　　人均收入与其增长率所存在的上述非线性关系与图 4 – 10 数值模拟的经济过渡动态特征非常吻合。根据数值模拟所描述的经济增长动态,经济增长将历经报酬递减、报酬递增和报酬再次递减三个阶段和第 5 期、第 10 期所出现的两个拐点,而通过样本估计出的增长动态同样存在增长率递减、递增、再次递减三个阶段以及人均 GDP 2500 元、7500 元两个拐点。

　　人均 GDP 2500 元是经济非线性增长的第一个"拐点",超越这一阶段的经济其增长速度将有一个较大的提高。人均 GDP 7500 元是非线性增长的第二个"拐点",超越这一阶段的经济将重新进入向稳态收敛的过程之中,这其中的主要原因是公共产品对经济增长的效应递减,使得政府支出对经济增长的负面影响凸显出来。[①] 非参数估计的结果很好地匹配了本章所提出的理论模型。

二、计量检验

既然人均 GDP 2500 元构成了经济由缓慢增长向快速增长的"门槛",那么通过对分省数据进行回归,应该能够看到人均 GDP 大于 2500 元与小于 2500 元的地区,其政府规模对于经济增长的效应是不同的。为了检验这一判断,我们对以下方程进行回归:

$$[\ln y(t_1) - \ln(y_0)]/T = \beta_0 + \beta_1 \ln(s_K) + \beta_2 \ln(g_L) + \beta_3 \ln(s_h) + $$
$$\beta_4 \ln(Gov) + \beta_5 D\ln(Gov) + \varepsilon \quad (4.5.1)$$

式中,T 为样本的观察期,$y(t_1)$ 和 $y(t_0)$ 分别为各个地区 2005 年和 1994 年的劳均产出;s_K 为各个地区的物质资本积累率,s_h 为人力资本积累率,g_L 为各个地区观察期年末就业人员总数的平均增长率加上 0.05 的外生技术进步率和折旧率,这三个指标的定义与第二章相同;Gov 为各个地区观察期预算内和预算外支出占地区生产总值(名义值)的平均比重;D 区域哑元,以 1999 年人均 GDP 超过 2500 元的地区为 1,其他地区为 0,样本为除重庆、北京、天津、上海、西藏、台湾的 26 个省、市、自治区。[②] 根据图 4-5 所描述的经济增长过渡动态,政府规模对不同地区的影响是不同的。从总体上讲,较高的政府规模因税收扭曲对经济增长具有较大的负面效应,β_4 应显著为负;但对于不受最小政府规模约束的地区来说,由于在最小政府规模之外,政府通过一个较低的税率融资来提供公共产品,可以提高私人投资的边际产品,所以

---

① 正如前面分析所指出的,最小政府规模会随着经济增长而提高,并且会因为外生的体制改革变化而变化,"门槛"值也会因这些因素而增加;同时,不同地区的"门槛"值也有所不同。所以,2500 元和 7500 元只是一个大致的值,对于不同地区或不同阶段,可能会高于或低于(就目前来看,对于落后地区来说第一个转折点极有可能高于 2500 元)样本估计结果。

② 之所以选择以 1999 年人均 GDP 是否超过 2500 元为界,是因为在这前后人均 GDP 高于 2500 元的地区超过了 8 个省份,可以获得一个比较理想的回归结果;同时从 1999 开始,积极的财政政策开始大规模实施,各地的财政支出都有一个较大的提高。考虑上述两个因素的影响,将时点选择在 1999 年。

β_5 应显著为正。①

估计方法是 OLS,表 4 - 1 报告了式(4.5.1)回归的结果。第一个模型不考虑地区类型,政府规模与经济增长表现出显著的负相关关系,系数估计值达到 -0.028,表明政府规模每提高 1%,将使劳均产出的增长年均下降 0.028%,超过了投资率对经济增长的弹性。模型 II 增加了区域哑元,结果单独的政府规模系数仍然显著为负,其弹性由 -0.028 上升到 -0.036,显示政府干预对于经济增长存在较大负面影响的结论是稳健的。但是,具有区域哑元的政府规模系数显著为正,弹性为 0.0043,显示出不受最小政府规模约束的地区,其政府规模扩张的负面效应要比受到约束的地区小,因为前者政府规模扩张的负面影响在一定程度上通过增加公共产品供给来弱化。但是,$Dln(Gov)$ 系数只有 0.0043,正效应似乎没有理论分析的那么高。$Dln(Gov)$ 系数估计结果低于理论预期的主要原因是,物质资本与人力资本积累率捕获了不受最小政府规模约束的经济政府其规模扩张的部分正效应,因为现阶段地方政府的公共品服务主要通过改善地方的投资环境吸引更多的物质资本与人力资本,所以政府规模扩张的正效应的相当一部分表现在物质资本和人力资本积累率的提高上。

表 4 - 1　政府规模与经济增长关系的计量检验

被解释变量:$\left[\ln(y_t) - \ln(y_0)\right]/T$		
解释变量	模型 I	模型 II
$\ln(s_K)$	0.027* (1.91)	0.029** (2.01)
$\ln(g_L)$	-0.017*** (-3.44)	-0.017*** (-3.49)
$\ln(s_h)$	0.011*** (2.84)	0.013*** (3.32)

---

① 需要指出的是,尽管政府支出的弹性系数为负,但根据前面的分析,维持这样的政府规模仍然是必要的。

被解释变量：$[\ln(y_t) - \ln(y_0)]/T$		
$\ln(Gov)$	-0.028^{***} (-4.11)	0.036^{***} (4.5)
$D\ln(Gov)$		0.0043^{*} (1.8)
Adj R^2	0.65	0.68

注：括号内为 t 值，$*$、$**$ 和 $***$ 分别为 90%、95%、99% 水平下显著。

第六节　本章小结

鉴于中国经济增长中政府的特殊作用,本章将政府引入双重转型经济收敛性分析框架,通过对政府转型模式的分析,提出了最小政府规模的概念,基于这一概念讨论了经济增长的路径与特征,并在此基础上对中国地区经济增长的俱乐部收敛性特征及其变化的机理进行了解释。

本章研究的主要结论有:第一,采取"同步走"政府转型模式的经济存在着最小政府规模,一个地区的地方政府是否受其约束,其行为会表现出不同的特点。第二,由于最小政府规模的存在,经济增长将呈现出非线性特征,即在早期增长速度较慢,当经济发展水平超过某一"阀值"时,增长速度将会加快。第三,由于经济增长是非线性的,地区收敛性会表现出阶段性的俱乐部收敛特征。第四,非参数估计显示,人均GDP 达到 2500 元与 7500 元是中国地区经济增长发生转折的两个"拐点",前者是发展"门槛",后者将是经济由高速增长过渡到较低增长速度的转折点,因此政府是否能够成功转型关系到中国经济高速增长是否能够持续较长时期。

需要指出的是,人均 GDP 2500 元和 7500 元是基于历史数据进行估计的结果,不同地区的发展"门槛"和"拐点"可能会有所不同。同时,由于最小政府规模也是动态变化的,所以上述两个"拐点"的值在未来是否会变化,仍然需要进一步检验。但不管怎样,通过持续给予落后地区以税收优惠和进一步提高财政转移支付的力度,可以帮助落后地区摆脱最小政府规模的约束,实现由"吃饭财政"向"公共财政"转变,更好地为当地经济发展伸出"援助之手"。①

---

① 有研究发现,转移支付并不能有效缓和地区差距问题(马栓友、于红霞,2003),这从另一个角度佐证了本书的观点,因为在存在门槛效应的情况下,转移支付的政策效应难以在短期内体现。

第五章　体现型技术进步对地区
收敛性的影响机理

改革以来中国经济增长的一个典型特征是高投资、高增长(李扬、殷剑峰,2005)。很多经济学家发现,支撑中国经济高速增长的主要因素是投资,全要素生产率(TFP)提高在经济增长中的作用并不明显(比如郭庆旺等,2005)。但是,第二章的实证检验却表明,即使不同经济具有相同的投资率,落后地区的增长仍然慢于发达地区,这表明技术的差异而不仅仅是投资率的差异也是导致中国地区经济增长发散的重要原因。

国家间或地区间人均收入的差异除资本积累的差异外,技术水平的差异是一个重要因素(Bernard and Jones,1996;Holl and Jones,1999)。因此,研究中国地区差异的形成与发展,必须要考虑技术水平差异的影响。从中国的现实来看,理解中国经济增长需要考虑到体现型技术进步的影响(郑玉歆,1998;林毅夫、任若恩,2007)。最近的研究发现,资本积累与体现型技术进步的动态融合,是经济增长的一个典型事实(赵志耘等,2007),也是影响中国工业生产率增长的重要因素(黄先海、刘毅群,2006)。由于体现型技术进步与非体现型技术进步是通过不同的机制影响经济增长的,区分这两种类型的技术进步对产出的贡献,对于理解技术进步对经济增长的作用机制和地区间人均收入及其增长率的差异至关重要。

本章的研究表明,体现型技术进步在中国总量增长的作用相对中性技术进步明显增强,正在逐步成为推动中国经济增长的一个重要因素。由于资本积累与国际贸易是体现型技术进步产生的两个主要渠道,因此不同地区的投资率和开放度的差异会通过体现型技术进步对地区收敛性产生影响,并构成了20世纪90年代以来中国地区差距迅速扩大的另一个重要机制。

第一节　体现型技术进步的概念及产生渠道

一、体现型技术进步的内涵

按照是否独立于资本积累,技术进步可以分为体现型技术进步和非体现型技术进步。所谓体现型技术进步,指技术进步是体现在投入要素的质量改进和效能提高上的技术进步,它的收益必须通过投资来获得。而非体现型技术进步则与之相反,它对产出的影响独立于资本积累。

现实中可以广泛观察到体现型技术进步现象。比如,现在的一台微型计算机是几年前一台微型计算机运算能力的几百倍甚至几万倍,但其价格并没有多大变化。早在50多年前,索洛(1960)和乔根森(Jorgenson,1966)就曾对如何度量体现型技术进步及其对经济增长的贡献进行过讨论,但囿于数据及统计方法的障碍,这一话题并没有持续下去。进入20世纪90年代,一些美国学者发现,第二次世界大战以后美国的研发投入成倍增长,IT技术及其产业迅速发展,资本品效率不断改进,设备相对于消费品的价格持续下降,真实设备投资占实际GDP的比例持续上升,但根据增长核算所获得的TFP数据却难以与这些直观的经验观察相统一,因而胡尔腾(Hulten,1992)、格林伍德等(Greenwood et al. ,1997)和康明斯和维奥兰特(Cummins and Violante, 2002)等认为,体现型技术进步对增长的作用被忽视了。

二、体现型技术进步产生的主要渠道

根据体现型技术进步的概念,由于技术进步是"体现"或者"物化"在资本品中,因而通过对具有更高技术水平的资本品进行投资以及从技术领先国家进口资本品,就可以获得体现型技术进步的收益。

索洛(1960)认为,不同年代的资本品具有不同的技术水平,新的资本品总会比存量资本具有更高的生产率,从这点出发,索洛提出"年

代资本"(Vintage Capital)的概念并强调资本积累在推动经济长期增长中的作用。在索洛之后,一些经济学家运用索洛提出的年代资本思想解释投资与增长的关系。本哈比和鲁斯提奇尼(Benhabib and Rustichini,1991)通过一个年代资本模型解释了投资的时间模式。库利、格林伍德和内鲁库格罗(Cooley、Greenwood and Yorukoglu,1997)、帕伦特(Parente,2000)等根据年代资本的思想讨论了投资对于经济增长的作用,指出由于新的年代资本品一般比经济的存量资本品具有更高的生产率,不断地投资于新的年代资本,投资增长的速度越高,生产率就越高。相反,如果资本存量的更新较慢,生产率的提高就较慢,所以投资率的高低决定了体现型技术进步速度甚至经济增长速度的高低。

资本积累作为产生体现型技术进步的渠道主要体现在设备投资上。德·隆和萨默斯(De Long and Summers,1993)的研究发现,设备投资与经济增长之间存在非常强的正相关关系。他们认为,设备投资肯定具有非常强的外部性,因而能够通过投资提高经济的 TFP。此外,琼斯(1994)、泰姆彼尔(Temple,1998)也发现设备投资对于发展中国家的经济增长非常重要。马德森(Madsen,2002)的研究则进一步发现,设备投资是经济增长的原因,而其他投资则是经济增长的结果。因此,在最近的文献中,体现型技术进步又称为投资专有技术进步(Investment Specific Technological Change),这一表达更加突出了设备投资对于获取这一类技术进步的作用。[1] 格林伍德等(1997)运用年代资本模型论证了投资专有技术进步对长期增长的作用,通过数值模拟,发现美国第二次世界大战后的 60% 的技术进步源于投资专有技术进步。根据戈登(Gordon,1990)对美国资本品质量调整价格指数估计所作的工作,胡尔腾(1992)运用戈登数据对美国战后的设备体现型技术进步进行了估计,发现由于投资的增长,1949~1983 年年均速度超过了 3%;康明斯和维奥兰特(2002)扩展了戈登的数据,发现在信息革命的驱动下,美国的设备体现型技术进步在最近 10 多年开始加速,由 20 世纪 70~80 年代的约 4% 提高到 90 年代的 5.6%。

---

[1] 关于这两个概念在语义上的区别,请参阅赫库维茨(Herzowitz,1998)。

尽管设备投资是获得体现型技术进步收益的重要渠道,但其收益的大小要受到一系列条件的制约。第一,任何一种资本品在使用过程中工人会不断积累经验,形成特殊的人力资本。像不同时期的物质资本内含不同的技术一样,不同设备的生产率,需要相应的人力资本作保证。由于人力资本专有于特定技术,一旦采纳其他技术,已积累的人力资本会迅速折旧,因此采纳新技术会因为年代人力资本的迅速折旧造成生产率暂时下降。第二,不同要素禀赋结构的国家所面临着技术前沿是不同的,投资可以带来体现型技术进步,但由于不同经济的要素禀赋结构的差异,投资同样的资本品,其获得的体现型技术进步收益也是存在差异的。第三,制度障碍会对企业投资更为先进的设备产生影响。帕伦特和普雷斯科特(Parente and Prescott,1994)认为,像管制、法律限制、索贿、暴力行为、工人罢工和破坏等会增加企业采纳新技术的成本,如果这些阻碍企业技术采纳的制度障碍足够大,企业就会在采纳新技术与继续使用旧技术之间选择后者。

自 20 世纪 90 年代之后,随着第二代内生增长模型的发展,经济学家发现,由于消费者愿意用一个更高的价格购买高质量的产品,因而厂商有激励通过 R&D 开发更高质量的产品,这样如果发展中国家通过贸易进口了这些产品,体现在这些产品中的发达国家的技术就会通过国际贸易渠道扩散到发展中国家(Riverra-Batiz and Romer,1991;格罗斯曼和赫尔普曼, 1991;Lee, 1995)。伊顿和科腾(Eaton and Kortum,2001)的研究表明,大多数资本品是由少数 R&D 投入较多的国家生产的,而大部分国家使用的是进口设备。因此,很多经济学家认为(如卡斯里和卫奕信,2004),资本品贸易是包括体现型技术进步在内的国际间技术外溢的主要渠道。

国际贸易作为产生体现型技术进步的渠道主要体现在 FDI 上。鲍伦斯泰等(Borensztein et. al. ,1998)通过一个跨国增长回归框架,研究了 69 个发展中国家 FDI 流入对经济增长的作用,结果表明,FDI 是技术转移的一个重要工具,它对经济增长的贡献比国内投资高更多。卡斯里和卫奕信(Caselli and Wilson,2004)也认为,FDI 所带来的体现型技术进步是 TFP 增长的重要来源。但是,FDI 所带来的体现型技术进步同样也会受到一些因素的影响,包括 FDI 的来源国技术水平的高低、FDI 的行业投资结构等。根据康明斯和维奥兰特(2002)的研究,电子与通信设备制造业的体现型技术进步速度最高,而专用设备制造业的体现型技术进步速度则较低。

第二节　体现型技术进步的估计及增长核算方法

在经济增长实证研究中,分析技术进步对总产出的影响一般是使用基于索洛模型的增长核算方法。假设经济有如下新古典生产函数并且技术进步是希克斯中性(Hicks):

$$Y = AF(K,L) \tag{5.2.1}$$

其中,Y 是产出,K 和 L 是资本投入和劳动投入,A 是技术水平。对式(5.2.1)两边求全微分,经简化整理得:

$$\frac{dY}{Y} = \alpha \frac{dK}{K} + \beta \frac{dL}{L} + \frac{dA}{A} \tag{5.2.2}$$

式(6.2.2)可改写为:

$$\frac{dA}{A} = \frac{dY}{Y} - \alpha \frac{dK}{K} - \beta \frac{dL}{L} \tag{5.2.3}$$

上式中,$\alpha = \frac{dY}{dK} \cdot \frac{K}{Y}$、$\beta = \frac{dY}{dL} \cdot \frac{L}{Y}$ 分别为资本的产出弹性和劳动的产出弹性。$\frac{dY}{Y}$ 为产出增长率,$\frac{dK}{K}$ 为资本投入增长率,$\frac{dL}{L}$ 为劳动投入增长率,$\frac{dA}{A}$ 为全要素生产率(TFP)的增长率,即在所有投入不变的情况下作为生产方式改进的结果而导致的产量增加的幅度,一般被理解成为技术进步的速度。由于 TFP 增长是产出增长中扣除生产要素增长的余值,因而也称为索洛余值。

根据生产函数的假定,由式(5.2.3)估计的 TFP 增长实质是希克斯中性技术进步,式(5.2.2)的方程又是在资本投入与技术进步相互独立的前提下推导出来的,所以式(5.2.3)估计的 TFP 增长是非体现型技术进步;同时,由于通常增长核算对于资本投入是根据现值流量而不是根据资本的服务流量进行计算,所以这一核算方法无法估计体现型技术进步对总量增长的影响。

假定资本积累独立于技术进步并不合理,在存在体现型技术进步的情况下,新的年代资本品比老的年代资本品具有更高的生产率,因而胡尔腾(1992)、格林伍德等(1997)、康明斯和维奥兰特(2002)等人提出了包含体现型技术进步的增长核算框架。根据康明斯和维奥兰特(2002)的研究,包含体现型技术进步的增长核算框架具有如下的结构方程:①

$$C + I = Z \cdot F(K,L) \tag{5.2.4}$$

$$\dot{K} = qI - \delta K \tag{5.2.5}$$

式中的 C 和 I 分别是以消费品作为度量单位的经济总消费与总投资, q 代表一个单位最终产出可以生产的以效率单位度量的新资本品的数量, Z 是希克斯中性技术进步系数。K、L 为生产中所使用的资本与劳动,其中 K 是以效率单位度量的,因此 qI 是最终产出中的 I 作为投资转化为以效率单位度量的资本品。在这里, q 的变化率 $\hat{q}$ 即为体现型技术进步率。δ 为物理折旧率。

从上述变量的定义来看,包含体现型技术进步的增长核算方法与式(5.2.2)和式(5.2.3)所示的传统增长核算方法存在以下几个方面的区别:第一,总产出度量上的区别。包含体现型技术进步的核算方法是以消费品作为度量单位的,其含义是投资以多少单位当期消费的牺牲作代价的。第二,每期增加的资本流量核算的区别。包含体现型技术进步的增长核算方法考虑了资本品质量改进对资本服务流的影响,而传统核算方法则隐含着不同年代的单位资本品服务流相同的假定。第三,折旧率的区别。包含体现型技术进步的增长核算框架使用的是物理折旧率,而传统增长核算使用的是经济折旧率。

一般来讲,体现型技术进步速度 $\hat{q}$ 的估计通常使用基于价格的估计方法,在估计出 q 序列后获得。在要素自由流动和完全竞争的假定

---

① 对于包含体现技术进步的增长核算方法目前仍有一些争论,具体的可见格林伍德和克鲁塞尔(Greenwood and Krusell,2007)。

下,通过两部门模型,很容易得到基于价格的 q 的估计表达式。

$$P_t^k / P_t^c = 1/q_t \qquad (5.2.6)$$

式中, P_t^k 和 P_t^c 分别为资本品和消费品的价格,因此体现型技术进步率可以通过计算投资品相对消费品的价格下降速度来获得。但是根据式(5.2.6),投资品的价格并不是交易价格,而是所谓的质量调整价格,即将资本品按照效率单位进行调整以后的价格。在正常情况下,官方的投资品价格指数的质量调整是不完全的,基于官方数据通常会低估体现型技术进步,所以应该使用质量调整价格(Quality-Adjusted Prices)指数。比如,如果按照美国国民收入和生产账户数据,美国第二次世界大战后至20世纪80年代早期的设备投资相对价格变化不大,但如果根据戈登(1990)的质量调整价格指数,这一期间设备相对价格是持续下降的,平均体现型技术进步率超过了3%。

在得到 q 序列后,通过以下的方法,可以将经济增长分解为劳动与资本数量增长的贡献、中性技术进步的贡献和资本品质量改进的贡献。首先,利用所估计出的 q 序列,根据式(5.2.5)估计考虑质量改进的资本存量,然后通过下面的式(5.2.7)估计出中性技术进步率 ΔZ_t。

$$\Delta Y_t = (1 - \alpha)\Delta L_t + \alpha\Delta K_t + \Delta Z_t \qquad (5.2.7)$$

式中, ΔY_t 是用消费品度量的总产出的增量, α 为资本产出弹性, L_t 为劳动投入, K_t 是以消费品度量的考虑质量改进的资本存量, Z_t 为经济的中性技术进步系数。

在得到 ΔZ_t 估计结果后,接下来利用式(5.2.8)分别估计劳动与资本数量的增长和资本质量改进对经济增长的贡献:

$$\Delta Y_t = (1 - \alpha)\Delta Y_t + \alpha\Delta \tilde{K}_t + \alpha\Delta Q_t + \Delta Z_t \qquad (5.2.8)$$

$\tilde{K}_t$ 为不考虑资本质量改进的资本存量,因而 $\Delta\tilde{K}_t$ 反映的是资本数量的变化。 Q_t 为资本品平均质量,定义为考虑资本质量改进与不考虑资本质量改进的资本存量之比,即 $Q_t = K_t/\tilde{K}_t$ 。由于不同类型资本品对经济增长的贡献存在差异,其体现型技术进步率的差异也较为明显,我们将对设备与非设备进行区分。令 α^e 、 α^s 分别为设备与非设备资本的产出弹性, $\tilde{K}_t^e$ 、 $\tilde{K}_t^s$ 为未考虑质量改进的以消费品作为度量单位的设备与非设备资本存量, Q_t^e 、 Q_t^s 为设备与非设备资本品平均质量,则式(5.2.8)可以改写为：

$$\Delta Y_t = (1 - \alpha^e - \alpha^s)\Delta L_t + \alpha^e \Delta \tilde{K}_t^e + \alpha^e \Delta Q_t^e + \alpha^s \Delta \tilde{K}_t^s + \alpha^s \Delta Q_t^s + \Delta Z_t$$

$$(5.2.9)$$

通过比较最先进资本品的生产率与资本品平均生产率，可以估计所谓的"技术差距"。技术差距越大，通过投资更新资本品进而推动经济增长的潜力越大。根据胡尔腾(1992)，技术差距 Γ 可以通过以下公式计算：

$$\Gamma_t = \frac{q_t - Q_t}{Q_t} \qquad (5.2.10)$$

第三节　中国经济增长中体现型技术进步的作用

根据式(5.2.6)，体现型技术进步率可以通过计算经过质量调整的投资品相对消费品价格的下降速度来获得。一般来说，设备的体现型技术进步率要远高于非设备的体现型技术进步率，比如戈特等(Gort et. al., 1999)对美国第二次世界大战后建筑物技术进步进行估计，其结果是年均1%，远低于根据戈登数据估计的设备体现型技术进步率。所以，文献通常的做法是用官方未经调整的价格数据估计非设备体现型技术进步，而估计设备体现型技术进步，则需要用经过质量调整的价格指数。由于缺乏有关数据，我们将使用两种方法估计中国设备体现型技术进步，而非设备体现型技术进步将直接运用国家统计局公布的价格指数进行估计。

在国家统计局公布的统计数据中，固定资产投资按构成分为设备、工具、器具购置、建筑安装工程和其他费用三类。设备、工具、器具购置是指建设单位或企、事业单位购置或自制的，达到固定资产标准的设备、工具、器具的价值；建筑安装工程指各种房屋、建筑物的建造工程和各种设备、装置的安装工程；其他费用是指在固定资产建造和购置过程中发生的，除上述几项内容以外的各种应分摊计入固定资产的费用。为了考察不同类型固定资产投资的体现型技术进步率及其对增长的贡献,我们将固定资产投资中设备、工具、器具购置投资归类为设备投资,建筑安装工程与其他费用投资归类为非设备投资。

一、设备体现型技术进步率估计——基于未经调整的价格指数

赵志耘等(2007)的研究使用了这一方法,即直接使用国家统计局公布的价格指数估计设备体现型技术进步率。由于国家统计局仅仅公布了1991年以后的固定资产投资价格指数,为了在一个更长的阶段考察中国的体现型技术进步速度,我们将各类投资的价格指数向前进行了扩展。具体的做法是:用1980~1990年机械工业工业品出厂价格指数代替当年的设备、工器具(简称设备)投资价格指数,以1980年为1,构建了1980~1990年各类投资的价格指数,它们与1991之后国家统计局公布的数据构成1980~2005年投资品价格指数序列。根据格林伍德等(1997)和康明斯和维奥兰特(2002)的做法,消费品价格指数应该使用非耐用消费品价格指数,由于缺乏有关数据,我们使用居民消费价格指数,它在概念上与非耐用消费品价格指数最为接近。用投资品价格指数序列除以1980~2005年的居民消费价格指数(1980年为1),可以得到1980~2005年的各类资本品相对价格,在此基础上可以计算出1981~2005年各类投资的设备体现型技术进步速度和不同阶段设备体现型技术进步平均速度,见表5-1和表5-2。

表5-1　设备体现型技术进步速度

年份	ETC(%)[1]	年份	ETC(%)	年份	ETC(%)	年份	ETC(%)
1981	13.00	1988	6.07	1995	9.66	2002	2.24
1982	2.68	1989	-3.11	1996	6.40	2003	4.24
1983	2.68	1990	0.29	1997	4.67	2004	4.43
1984	1.57	1991	-2.56	1998	1.74	2005	2.38
1985	-2.24	1992	-2.79	1999	1.11		
1986	3.91	1993	-4.27	2000	3.05		
1987	2.26	1994	12.54	2001	3.73		

资料来源:根据历年《中国统计年鉴》计算。[1]ETC为体现型技术进步的缩写,以下同。

表 5 - 2　各个时期设备体现型技术进步平均速度

时期	ETC(%)	时期	ETC(%)
1981～1990 年	2.71	1996～2000 年	3.39
1991～1995 年	2.52	2001～2005 年	3.41
1981～2005 年	2.95		

资料来源:根据表 5 - 1 计算。

二、设备体现型技术进步率估计——间接方法

在缺乏经过调整的价格指数时,塞克拉尼斯和维塞拉(Sakellaris and Vijselaar,2005)在研究体现型技术进步对欧盟国家经济增长的贡献时,采用了一种间接的方法估计设备体现型技术进步率。他们的做法是:根据戈登、康明斯和维奥兰特提供的 24 种设备和信息处理设备与软件(以下简称 IPES)、工业设备(以下简称 IE)、交通设备(以下简称 TE)和其他设备(以下简称 OE)四大类设备投资质量调整价格指数,先根据美国的各类投资的比重进行分解,然后再根据欧盟国家的权重进行链式加总,进而得到欧盟国家各类设备投资的质量调整价格指数。这样做的理论基础是"一价律",即对于经济联系相当密切的美国与欧盟来说,同样质量的资本品在不同国家应该具有相同的价格。

但是,正如塞克拉尼斯和维塞拉自己所指出的,这样的处理忽略了不同国家的通货膨胀国别效应。从中国的现实来讲,通货膨胀的国别效应比较明显,直接运用美国的设备质量调整价格指数推算中国的设备质量调整价格指数可能存在较大的偏差,因而我们根据戈登、康明斯、维奥兰特数据计算的不同设备的体现型技术进步速度来间接估计中国的设备体现型技术进步速度。根据美国的设备体现型技术进步速度而不是质量调整价格指数估计中国的设备体现型技术进步速度,是因为这种方法在很大程度上消除了通货膨胀的国别效应,同时与欧盟相比,中国与美国的经济联系还没有那么紧密,"一价律"可能并不适用。

我们所使用的间接估计方法的基本思想是:首先按照康明斯和维奥兰特(2002)的 IPES、IE、TE 和 OE 设备分类方法计算各大类设备的

相对权重,然后根据每一类设备的体现型技术进步速度,按照各自权重计算出总的设备体现型技术进步速度。当然,这种方法也存在一定的偏差,但在缺乏直接数据的情况下,基于以下理由我们认为估计结果具有一定的可信度。第一,在中国进口商品中,机械及运输设备的进口额占全部商品的进口额比例一直保持着较高水平并稳定提高,1980～2005年平均达到了37%。同时,机械及运输设备与当年全社会固定资产投资总额之比总体上呈上升的趋势,1980～1990年平均近50%,1991～2005年期间达到了54%。① 在这些进口机械及运输设备中,有相当一部分属于投资品,它们的体现型技术进步应该与美国的设备体现型技术进步相近。第二,体现在设备中的技术进步可以通过模仿而实现。尽管中国的科技水平在模仿最前沿技术可能存在困难,但模仿国外20世纪七八十年代的设备应该不存在太大的难度,因此中国各类设备投资的体现型技术进步即使达不到美国20世纪90年代的平均增长速度,但应该能够达到美国1970～1990年的平均水平。考虑到中国制造业结构与技术与美国的趋同,估计误差在长期是可以减小的。

　　表5－3给出的是康明斯和维奥兰特(2002)估计的1960～2000年期间各个阶段美国IPES、IE、TE和OE和总的设备与软件(E&S)的平均体现型技术进步速度。可以看出在各类设备中,信息处理设备与软件的体现型技术进步最快,其他设备的体现型技术进步最慢。分阶段看,美国战后的设备体现型技术进步呈现逐阶段上升的趋势,1990～2000年期间总的设备与软件的体现型技术进步率达到了6.3%。

表5－3　各个时期美国各类投资品的体现型技术进步平均速度

设备分类	1960～1969年 (%)	1970～1979年 (%)	1980～1989年 (%)	1990～2000年 (%)
IPES	7.3	11.7	9.4	10.6
IE	2.8	1.3	2.1	3.6

---

① 根据历年《中国统计年鉴》计算。

设备分类	1960~1969 年	1970~1979 年	1980~1989 年	1990~2000 年
	（%）	（%）	（%）	（%）
TE	4.2	2	3	4.3
OE	1.9	0.5	2	2.5
E&S	3.6	3.6	4.6	6.3

资料来源：康明斯和维奥兰特（2002）。

由于国家统计局公布的固定资产投资数据并没有详细的分类，所以我们使用与康明斯和维奥兰特的设备分类方法相近的几大制造业部门的工业增加值（净产值）数据估算各类设备投资的权重。在他们的设备分类方法中，IPES 大致包含了中国工业品分类标准的通信设备、计算机及其他电子设备制造业和仪器仪表及文化、办公用机械制造业的有关门类，IE 大致相当于中国的通用设备制造业和电气机械及器材制造业，TE 与中国的交通运输设备制造业相类似，OE 类似于中国的专用设备制造业。由于 1992 年前的统计年鉴并没有区分通用设备制造业与专用设备制造业，我们根据 1992~1995 年期间这两类工业品的相对份额平均数补充了 1985~1991 年数据；由于所计算的是权重，所以这期间统计口径变化的影响可以忽略。在计算出中国 IPES、IE、TE、OE 权重的基础上，根据表 5-3 的数据可以估算出中国 1985~2005 年设备体现型技术进步速度和各个阶段的平均值，结果见表 5-4 和表5-5。

从表 5-5 可以看出，按照中国各类设备体现型技术进步落后美国20 年、10 年和 0 年进行估计的结果非常相近。1985~1990 年期间，三种估计结果分别为 3.6%、3% 和 3.5%，1991~2005 年期间的三种估计结果分别为 4.3%、4.1%、4.2%。分阶段看，三种估计结果均呈现出逐阶段上升的趋势，主要原因在于具有较高体现型技术进步速度的IPES 比重的不断上升。根据我们前面的计算，IPES 在四类工业品中的比重由 1985 年的 16% 上升到 1997 年 25%，2005 年则达到 34%，而体现型技术进步速度较低的 IE 的比重保持相对稳定，OE 的比重则呈持续下降的趋势。

表5-4 1985~2005年中国设备体现型技术进步间接估计结果

年份	ETC[1] (%)	ETC[2] (%)	ETC[3] (%)	年份	ETC[1] (%)	ETC[2] (%)	ETC[3] (%)
1985	3.53	2.89	3.42	1996	3.62	3.89	3.89
1986	3.40	2.69	3.28	1997	3.96	4.12	4.12
1987	3.46	2.81	3.37	1998	4.41	4.43	4.43
1988	3.53	2.95	3.46	1999	4.57	4.54	4.54
1989	3.52	2.94	3.44	2000	4.76	4.76	4.76
1990	4.11	3.88	4.08	2001	4.71	4.71	4.71
1991	3.12	3.12	3.58	2002	4.72	4.72	4.72
1992	2.64	2.64	3.27	2003	4.82	4.82	4.82
1993	2.79	2.79	3.36	2004	4.82	4.82	4.82
1994	3.39	3.74	3.73	2005	4.76	4.76	4.76
1995	3.76	3.99	3.99				

注:ETC[1]、ETC[2]、ETC[3]分别为假定中国各类设备ETC落后美国20年、10年和0年进行估计的结果。

资料来源:根据历年《中国统计年鉴》、康明斯和维奥兰特(2002)有关数据计算。

表5-5 中国各阶段设备体现型技术进步平均速度

年份	ETC[1] (%)	ETC[2] (%)	ETC[3] (%)
1985~1990	3.6	3	3.5
1991~2005	4.3	4.1	4.2
其中:1991~1995	3.1	3.3	3.6
1996~2000	4.3	4.4	4.4
2001~2005	4.8	4.8	4.8

资料来源:根据表5-4计算。

与美国E&S的体现型技术进步相比,20世纪80年代的中国设备体现型技术进步与美国20世纪六七十年代相近,20世纪90年代达到了美国20世纪80年代的水平,最近几年,尽管仍未达到美国20世纪90年代的水平,但已超过了美国20世纪80年代后期的平均速度。与根据国家统计局公布的价格指数估计的体现型技术进步速度年均3%

相比,间接估计方法所估计的 20 世纪 80 年代体现型技术进步高 0.5% 左右,20 世纪 90 年代超过了 1%,2001~2005 年则高出近 2%。这说明运用国家统计局数据估计的体现型技术进步不但会出现误差,而且随着时间的推移,误差会进一步加大。

三、非设备体现型技术进步率估计

非设备投资包括全社会固定资产投资中的建筑安装工程投资与其他费用,我们参照康明斯和维奥兰特(2002)的做法,使用国家统计局公布的价格指数数据构建非设备的相对价格 q 系列,并计算出非设备体现型技术进步率,结果见表 5-6。

表 5-6　中国非设备体现型技术进步速度

年份	ETC(%)	年份	ETC(%)	年份	ETC(%)	年份	ETC(%)
1981	0.78	1988	4.40	1995	9.21	2002	-1.80
1982	-0.29	1989	-4.81	1996	0.95	2003	-2.92
1983	-1.18	1990	2.48	1997	-2.06	2004	-4.06
1984	0.78	1991	-6.40	1998	-3.13	2005	0.00
1985	-5.89	1992	-10.27	1999	-3.35		
1986	-7.01	1993	-14.83	2000	-1.97		
1987	1.60	1994	9.74	2001	-0.69		

资料来源:根据历年《中国统计年鉴》计算。

四、设备、非设备资本存量估计

通过所计算的设备与非设备的相对价格 q 系列,就可以根据国家统计局公布的固定资产投资数据,分别估计出考虑质量改进与不考虑质量改进的设备与非设备资本存量。

根据式(5.2.5)的资本积累方程,资本流量以消费品为度量单位,因此每年的资本流量需要用消费品价格指数进行平减。通过假定 1981~1984 年设备体现型技术进步率与 1985 年相同来将设备 q 系列向前扩展到 1980 年,我们用式(5.2.5)估计了各年的经过质量调整的设备资本存量。不考虑质量改进的各年设备与非设备资本流量,直接用 CPI 进行平减。初始设备与非设备资本存量,我们直接采用孙琳琳、任若恩(2005)的估计结果,取 1980 年设备与非设备资本存量分别为1827 亿元和5132 亿元;设备与非设备的物理折旧率按照康明斯和维奥兰特(2002)的做法,分别取 14% 和 3%。表 5 - 7 给出了考虑质量改进与不考虑质量改进的中国设备资本存量 K^e、$\tilde{K}^e$ 与非设备资本存量 K^s、$\tilde{K}^s$ 的估计结果。

表 5 - 7　1980 ~ 2005 年设备与非设备资本存量估计结果

年份	K^e (亿元)	K^s (亿元)	$\tilde{K}^e$ (亿元)	$\tilde{K}^s$ (亿元)	年份	K^e (亿元)	K^s (亿元)	$\tilde{K}^e$ (亿元)	$\tilde{K}^s$ (亿元)
1980	1827	5498	1827	5498	1993	6883	21614	5197	24763
1981	1796	6059	1790	6053	1994	8197	24220	5978	28451
1982	1840	6781	1819	6772	1995	9081	27344	6435	32382
1983	1951	7583	1902	7580	1996	10109	30707	6944	36557
1984	2202	8572	2104	8569	1997	11609	34056	7687	40825
1985	2593	9769	2415	9852	1998	13359	37955	8514	45976
1986	3033	11066	2756	11364	1999	15419	41928	9441	51448
1987	3547	12560	3141	13066	2000	17787	46173	10449	57426
1988	4075	14201	3519	14834	2001	20637	50916	11612	64138
1989	4270	15335	3619	16141	2002	24057	56575	12948	72284
1990	4478	16468	3720	17402	2003	29073	63677	14889	82811
1991	4863	17765	3938	18972	2004	36025	71997	17514	95699
1992	5622	19441	4407	21262	2005	45685	82382	21058	111678

资料来源:根据历年《中国统计年鉴》计算。

五、增长核算与增长因素分析

在估计出考虑质量改进和不考虑质量改进的设备与非设备资本存量后,根据式(5.2.7)和式(5.2.9),可以将产出增长分解为劳动与资本数量增长的贡献、中性技术进步的贡献和资本质量改进即体现型技术进步的贡献。除已估计出的资本存量数据外,Y_t 用统计年鉴公布的

1980～2005 年历年 GDP 名义值按 CPI 平减获得，L_t 为统计年鉴公布的历年就业人员年底数，α^l、α^e 和 α^s 通过式(5.2.7)进行回归获得。

根据式(5.2.7)，我们使用以下回归方程估计要素的产出弹性 α^l、α^e 和 α^s：

$$Log(Y_t) = Log(Z_t) + dd + \alpha^e Log(K_t^e) + \alpha^s Log(K_t^s) +$$
$$\alpha^l Log(L_t) + \varepsilon_t \tag{5.2.11}$$

上述方程中，如果规模收益不变，则有 $\alpha^e + \alpha^s + \alpha^l = 1$。后面可以看到，1986 年后的中性技术进步 Z_t 出现了突变，因此在回归中增加了时间哑元 dd，令 1980～1985 年期间的 $dd = 0$，其他年份的 $dd = 1$。估计方法是 OLS，由于残差存在严重的自相关，我们运用 Cochrance-Orcutt 迭代法进行了处理，估计结果见表 5-8。

从表 5-8 的估计结果可以看出，$\alpha^e + \alpha^s + \alpha^l = 1.09$，基本可以认为中国经济在 1980～2005 年期间经历了规模收益不变。用估计结果除以 1.09，得到了设备、非设备与劳动的产出弹性分别为 $\alpha^e = 0.34$，$\alpha^s = 0.37$，$\alpha^l = 0.29$。

表 5-8　资本、劳动产出弹性的估计结果

被解释变量 $Log(Y_t)$			
解释变量	$Log(K_t^e)$	$Log(K_t^s)$	$Log(L_t)$	dd
系数	0.37**	0.40*	0.32*	-0.05**
t 值	2.62	2.03	2.06	-2.22
D.W. = 1.68	Adjusted R-squared = 0.99			

注：*、**和***分别为 90%、95%、99% 水平下显著。

根据所得的设备、非设备与劳动的产出弹性和考虑质量改进的设备与非设备资本存量，利用式(5.2.7)，可以得到历年中性技术进步率 Δz_t。在此基础上，根据不考虑质量调整的设备与非设备资本存量及其平均质量，通过式(5.2.9)，可以得到劳动、设备与非设备资本存量的增加和设备与非设备质量改进以及中性技术进步对产出增长的贡献，表 5-9 给出各个阶段上述因素对中国经济增长的贡献，各年设备体现

型技术进步速度根据表 5-4 中假定落后美国 10 年的估计结果计算。

图 5-1 给出了 1978~2005 年期间各种类型的技术进步的变化情况。

表 5-9　中国经济增长因素分解

时间	1981~1986 年	1987~1993 年	1994~1999 年	2000~2005 年	1981~2005 年
Y	0.0980	0.0860	0.0945	0.1100	0.0971
$\tilde{K}^e$	0.0233	0.0285	0.0311	0.0476	0.0332
$\tilde{K}^s$	0.0448	0.0394	0.0438	0.0492	0.0446
L	0.0092	0.0111	0.0029	0.0037	0.0068
Z	0.0507	0.0039	0.0081	-0.0007	0.0065
Q^e	0.0054	0.0090	0.0119	0.0165	0.0105
Q^s	-0.0016	-0.0060	-0.0032	-0.0064	-0.0045

资料来源:根据表 5-4、表 5-6、表 5-7 数据估计。

根据表 5-9 的增长核算的结果和图 5-1 所示的中性技术进步与体现型技术进步的变化情况,可以得到以下结论:

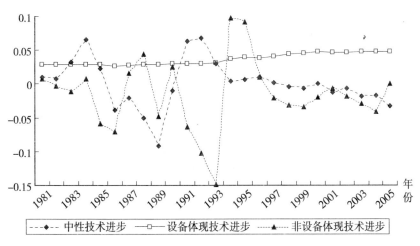

图 5-1　中性技术进步与体现型技术进步的变化

第一,驱动中国经济经济增长的主要因素是投资。表 5-9 第 2 行和第 3 行显示,1981~2005 年期间,在年均 9.71% 的产出增长中,投资增长的贡献达到了 7.8%,贡献率达到 80%。分阶段看,1981~1986

年,产出年均 9.8% 的增长,投资增长贡献了 6.8%,贡献率为 69%;1987~1993 年,产出年均增长 8.60%,投资增长贡献了 6.8%,贡献率为 80%;1994~1999 年,产出增长了 9.45%,投资增长贡献了 7.5%,贡献率达 79%;2000~2005 年,产出增长了 11.00%,投资增长贡献了 9.68%,贡献率高达 88%。而劳动力增长对于经济增长的贡献较低。如表 5－9 第 4 行,劳动力增长对产出增长的贡献基本上没有超过 1%,1981~2005 年期间,在产出增长的 9.71% 中,劳动力增长仅贡献了 0.65%,贡献率只有 6.7%。因此,投资是改革以来经济高速增长的主要因素,并且经济增长越来越依赖于投资的增长。

第二,除 20 世纪 80 年代早期外,中性技术进步并不明显,设备投资技术进步对产出增长的贡献逐年提高,经济的技术进步主要来自设备投资体现型技术进步。由表 5－9 第 5 行,中性技术进步对产出增长的贡献,1981~1986 年期间达到了 5.1%,但 1987~1993 年期间下降到 0.9%,1994~1999 年期间稍有提高,为 1.19%,2000~2005 年期间对产出的贡献为负。从 1981~2005 年整体来看,中性技术步对于总产出的 9.71% 增长的贡献率仅为 6.7%。而设备体现型技术进步对产出增长的贡献却逐阶段提高。从表 5－9 第 6 行可以看出,1978~1986 年、1987~1993 年、1994~1999 年、2000~2005 年四个时段,由于设备质量与效能提高,设备投资体现型技术进步对于产出的贡献分别达到 0.54%、0.90%、1.19% 和 1.65%,贡献率也分别达到 5.5%、10.5%、12.6% 和 15%。除 1981~1986 年期间,设备投资体现型技术进步对产出增长的贡献均高于中性技术进步对产出增长的贡献,说明设备体现型技术进步与中性技术进步相比,其对中国经济增长的作用变得越来越明显。

第四节　体现型技术进步对地区
收敛性的影响及检验

一、影响机理

根据式(5.2.8),一个经济的劳均产出的增长来源于劳动与资本数量的增长、资本品质量改进和经济的中性技术进步,所以由资本品质量改进而表现出来的体现型技术进步是经济增长的一个重要因素。由于资本积累与国际贸易是产生技术进步的两个主要渠道,所以资本积累与国际贸易可以通过提高经济的体现型技术进步率推动经济增长。

根据这样的一个机制,在一个双重转型经济中,双重转型速度的加快不但能够提高不变报酬部门的投资和产出规模,而且会提高不变报酬部门的生产率水平。根据第三章的研究结论,不变报酬部门生产率水平提高会使得经济发散的可能性加大,所以双重转型速度的变化还会通过体现型技术进步这一机制对地区收敛性产生影响。①

同样的,当经济摆脱最小政府规模约束后,政府将增加支出改善本地的基础设施条件并提高经济的市场化水平,这不但会提高不变报酬部门的生产率水平,同时也吸引了更多的国内资本和 FDI 流入,所以一个经济是否受最小政府规模的约束也将通过体现型技术进步对地区收敛性产生影响。

图 5-2 描述的是上述的体现型技术进步对地区收敛性产生影响的机理。

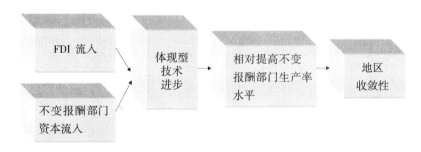

图 5-2 体现型技术进步对地区收敛性的影响机理

二、FDI 的地区分布与行业分布

国际贸易是产生体现型技术进步的重要渠道,但由于缺乏详细的

---

① 当然,报酬递减部门的体现型技术进步速度也会因资本积累而提高,但由于新增资本更多的是配置到不变报酬部门,在资本品生产的产业结构不变的情况下,不变报酬部门的生产率水平的提高比报酬递减部门更快。

分省商品进出口数据,我们将主要评估 FDI 对体现型技术进步的影响。

自改革开放以来,中国已累计吸引外商直接投资达 6918.97 亿美元,对中国的经济增长起到了积极的推动作用。[1] 由表 5-10 的外商投资企业工业产值占全国工业总产值(可比价)比重变化来看,从 1990年开始,外商投资企业工业产值占全国工业总产值(可比价)比重超过 15% 后,在最近的 10 多年以较快速度增长,2002 年外商投资企业工业产值占全国工业总产值的比重达到 33.37%,最近几年一直在 30%以上。

表 5-10　外商投资企业工业产值占全国工业总产值(可比价)比重

年份	比重(%)	年份	比重(%)	年份	比重(%)
1990	2.28	1996	15.14	2002	33.37
1991	5.29	1997	18.57	2003	35.87
1992	7.09	1998	24.00	2004	31.43
1993	9.15	1999	27.75	2005	31.41
1994	11.26	2000	22.51	2006	31.50
1995	14.31	2001	28.05		

资料来源:商务部外资司网站[EB/OL](http://www.fdi.gov.cn/)。

表 5-11　截至 2006 年东部、中部、西部地区外商直接投资情况[2]

地区	项目数(个)	比重(%)	实际使用外资金额(亿美元)	比重(%)
东部地区	493482	83.02	5952.93	84.56
中部地区	64031	10.77	602.18	8.55
西部地区	36902	6.21	299.35	4.25
其他	30	0.01	185.28	2.63
合计	594445	100	7039.74	100

资料来源:商务部外资司网站[EB/OL](http://www.fdi.gov.cn/)。

---

① 资料来源:《中国统计年鉴 2007》。
② 商务部网站公布的 FDI 数据与统计年鉴公布的数据稍有出入。

从 FDI 的地区分布来看,东部地区是吸收 FDI 最多的地区。根据表 5－11,截至 2006 年,东部地区 11 省份 FDI 项目数达到 493482 个,占全部项目总数的 83.02%,实际投资达 5952.93 亿美元,占全部投资的 84.56%。而中西部地区 20 个省份吸收 FDI 项目数仅为东部地区的 1/5,吸收 FDI 不到东部地区的 1/6。

从 FDI 投资的行业分布来看,制造业是 FDI 投资额最高的行业。根据表 5－12,截至 2006 年,制造业 FDI 项目数达 423056 个,占全部 FDI 项目数 71.17%,合同利用外资金额达 9563.79 亿美元,占全部合同外资金额的 63.85%。

表 5－12　截至 2006 年外商直接投资行业结构

行业名称	项目数（个）	比重（%）	合同利用外资金额（亿美元）	比重（%）
制造业	423056	71.17	9563.79	63.85
房地产业	47226	7.94	2432.54	16.24
其他	124163	20.89	2982.95	19.91

资料来源:商务部外资司网站［EB/OL］(http://www.fdi.gov.cn/)。

在制造业中,与设备制造有关的 4 个子行业通用设备制造业、专用设备制造业、交通运输设备制造业、通信设备、计算机及其他电子设备制造业中,FDI 最高的是通信设备、计算机及其他电子设备制造业,如表 5－13。2003~2006 年,该行业实际使用外资金额平均每年达到 73.2 亿美元,占 FDI 总额的比重平均达到 11.5%。其次是交通运输设备制造业,年平均投资额达 32 亿美元,占 FDI 的平均比重达 5%。根据表 5－3 各个时期美国各类资本品体现型技术进步平均速度,IPES(主要是通信设备、计算机及其他电子设备制造业)最高,1990~2000 年平均达到 10.6%,TE(主要是交通运输设备制造业)次之,所以这两大制造业部门的投资比重较高,意味着 FDI 可以带来较快的体现型技术进步。

表 5 - 13   部分行业实际使用外资金额

年份	通用设备制造业(万美元)	占 FDI 比重(%)	专用设备制造业(万美元)	占 FDI 比重(%)	交通运输设备制造业	占 FDI 比重(%)	通信设备、计算机及其他电子设备制造业(万美元)	占 FDI 比重(%)
2003	156062	2.9	122462	2.3	237266	4.4	634699	11.9
2004	217109	3.6	189700	3.1	376614	6.2	705873	11.6
2005	203213	2.8	194123	2.7	384172	5.3	771117	10.6
2006	195283	2.8	187378	2.7	280523	4.0	816466	11.8
平均	192917	3.0	173416	2.7	319644	5.0	732039	11.5

资料来源:商务部外资司网站[EB/OL](http://www.fdi.gov.cn/)。

总体而言,FDI 的分布在空间上极不平衡,东部地区吸收了绝大部分的 FDI,除非设备投资外,FDI 在设备制造业中的投资主要集中于体现型技术进步较快的行业,因此,FDI 空间分布的差异必然会对各地的体现型技术速度产生影响,即使不考虑各地投资率的差异,吸收 FDI 较多的东部地区将比吸收 FDI 较少的中西部地区具有更快的体现型技术进步速度。

三、分省体现型技术进步估计

前面在估计全国设备与非设备体现型技术进步时,设备体现型技术进步率估计分别使用了直接和间接的方法。由于缺乏 1985 年以来历年分省相关的设备制造业产值或增加值数据,所以无法采用间接的方法估计分省设备体现型技术进步,因而本节将使用国家统计局公布的未经质量调整的价格指数估计设备体现型技术进步速度。这种估计方法通常会低估设备体现型技术进步速度,所以实际的设备体现型技术进步速度可能更高,对地区收敛性的影响更大。由于本节的主要目的是检验这种影响,所以即使存在估计误差仍然是可以接受的。非设备体现型技术进步速度仍然使用未经质量调整的价格指数进行估计。

根据上节的估计方法,我们用固定资产投资价格指数中的设备、工器具投资价格指数代替设备资本品的价格指数,用建筑安装工程价格指数代替非设备资本品的价格指数,用居民消费价格指数代替消费品价格指数,以 1990 年为基期计算了 1991~2006 年期间各地区设备与非设备平均体现型技术进步速度。由于广东、重庆、海南和西藏的缺失数据较多,估计结果没有包含这几个省份;缺失数据比较少的省份,我们一般用相邻省份的指数代替,比如浙江缺 1991 年和 1992 年数据,我们以江苏的数据代替。估计结果见表 5-14 和表 5-15。

由表 5-14 可以看出,1991~2006 年期间,中国各地区的设备体现型技术进步均为正,最高的是北京,年均达到 5.1%,最低的是河南,年均仅 0.5%。非设备体现型技术进步速度除上海、天津为正,其他省份均为负,辽宁最低,年均为 -2.8%。

表 5-14 1991~2006 年中国各地区设备、非设备体现型技术进步速度

省份	设备 ETC	非设备 ETC	省份	设备 ETC	非设备 ETC
北京	0.051	-0.003	山东	0.031	-0.019
天津	0.049	0.001	河南	0.005	-0.012
河北	0.015	-0.024	湖北	0.023	-0.001
山西	0.025	-0.001	湖南	0.036	-0.014
内蒙古	0.032	0.000	广西	0.021	-0.001
辽宁	0.017	-0.028	四川	0.044	-0.004
吉林	0.017	-0.027	贵州	0.028	-0.016
黑龙江	0.020	-0.006	云南	0.011	-0.017
上海	0.045	0.008	陕西	0.016	-0.028
江苏	0.034	-0.016	甘肃	0.008	-0.020
浙江	0.036	-0.003	青海	0.033	-0.001
安徽	0.011	-0.011	宁夏	0.026	-0.018
福建	0.037	-0.009	新疆	0.021	-0.011
江西	0.021	-0.020			

资料来源:根据《中国统计年鉴》相关年份数据计算。

分区域看,如表 5-15 所示,无论是设备体现型技术进步率,还是

非设备体现型技术进步率,东部均高于中部和西部。1991~2006年期间东部各省平均设备技术进步率为年均3.5%,高于中部的年均2.0%和西部的年均2.4%,而非设备体现型技术进步尽管不同区域均为负,但东部也比中西部略高。

表5-15　1991~2006年各大区域设备、非设备体现型技术进步速度

区域	设备	非设备
东部	0.035	-0.010
中部	0.020	-0.011
西部	0.024	-0.012

资料来源:根据表5-14数据计算。

四、计量检验

根据前面的分析,投资率和FDI的差异将对不同地区的体现型技术进步产生影响,进而对地区收敛性产生影响。下面,将根据所计算出的1991~2006年期间分省设备与非设备体现型技术进步速度,通过计量方法检验各地区FDI、投资率对体现型技术进步的影响。

图5-3给出的是1991~2006年各地区投资率与设备和非设备体现型技术进步速度两者关系的散点图,横轴为投资率,为各地区1991~2006年期间资本形成率的平均值,纵轴分别为表5-14所估计的各地区设备体现型技术进步和非设备体现型技术进步速度。由散点图可以看出,设备体现型技术进步与投资率之间呈正相关关系,而非设备体现型技术进步率与投资率之间并没有相关关系。

投资率与非设备体现型技术进步速度之间不存在相关关系可以理解。首先,相比于设备体现型技术进步速度,非设备体现型技术进步速度相对较低且较稳定。其次,非设备投资有很大一部分是城市建设与基础设施建设投资,这些投资主要由政府主导,有可能出现非效率现象。

图5-4给出的是1991~2006年各地区设备体现型技术进步速度与FDI两者关系的散点图,纵轴为FDI,为各地区1991~2006年吸收

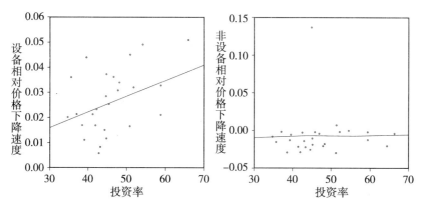

图 5-3　设备与非设备体现型技术进步率与投资率散点图

FDI 占名义 GDP 的比重的平均值。根据前面的分析,由于东部地区吸收了绝大部分 FDI,同时 FDI 更多的是投资到体现型技术进步较高的设备制造业行业,因而 FDI 与设备体现型技术进步率呈现出较为明显的正相关关系,FDI 占 GDP 的比重越高,设备体现型技术进步速度越快。

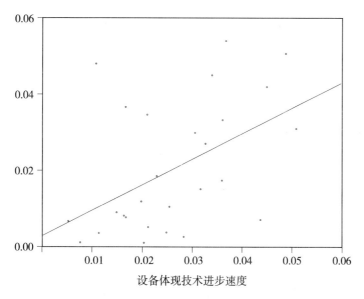

图 5-4　设备体现型技术进步率与 FDI 散点图

根据前面的分析,人力资本、要素禀赋和制度差异会影响由投资所带来的体现型技术进步,同时,FDI 的来源国技术水平与投资的行业结构也会对由 FDI 所带来的体现型技术进步产生影响。根据投资率与设备和非设备体现型技术进步之间关系的散点图,体现型技术进步主要表现在设备资本品之中,因而我们将检验投资率和 FDI 对设备体现型技术进步的影响。分省设备体现型技术进步数据来源于表 5-14,投资率为各地区 1991~2006 年期间的平均资本形成率,FDI 仍为各地区 FDI 占名义 GDP 的比重。人力资本积累率仍然使用在校大学生人数占从业人员的比例(万人)作为代理变量,制度与禀赋的差异我们用哑元变量,以东部地区各省份为 0,中西部地区各省份为 1。

表 5-16 给出了回归结果。回归结果显示,投资率和 FDI 与设备投资体现型技术进步存在正相关关系,分别在 90% 和 99% 水平上显著。其中,投资率对设备投资体现型技术进步的影响很大,投资率每提高 1%,设备体现型技术进步率将提高 1.07%;FDI 对设备体现型技术进步也存在较大的影响,FDI 占 GDP 的比重每提高 1%,设备体现型技术速度将提高 0.22%。

表 5-16 投资、FDI 对体现型技术进步影响的计量检验结果

被解释变量:设备体现型技术进步率的对数			
常数项	-6.87*** (-3.46)	-7.18*** (-3.24)	-6.92*** (-2.97)
投资率的对数	1.07* (1.94)	0.937 (1.61)	0.898 (1.5)
FDI 占 GDP 比重的对数	0.22*** (2.8)	0.196* (2.18)	0.17 (1.65)
人力资本积累率的对数		0.14 (0.74)	0.117 (0.57)
地区哑元			-0.11 (-0.41)
Adj R²	0.32	0.33	0.33

注:括号内为 t 值,*、** 和 *** 分别为 90%、95%、99% 水平下显著。

由检验结果还可以看出,尽管系数估计结果并不显著,但人力资本、要素禀赋和制度的差异的影响还是存在的。人力资本积累率的系数为正,显示人力资本的专有性并不强,人力资本水平的提高有利于企业投资于体现更高技术的设备资本品。地区哑元系数为负,表明中西部地区由于要素禀赋和制度与东部地区存在差异,在其他条件相同的情况下,中西部能够获得的体现型技术进步的收益低于东部地区。

由于缺乏相关的数据,模型无法将更多的影响因素纳入回归。同时,由于使用了未经质量调整的价格指数估计各个省份1991~2006年期间的体现型技术进步速度,因而回归的拟合系数并不很高。但是,检验结果仍然表明,投资与FDI是产生体现型技术进步的两个重要渠道。鉴于体现型技术进步主要是设备投资体现型技术进步对总量增长具有越来越重要的作用,因此各地区FDI与投资率的差异不但会通过资本品数量,而且还会通过资本品质量与效能的提高对地区经济增长收敛性产生影响,强化已有的发散趋势。

第五节　本章小结

本章从技术进步的视角分析了体现型技术进步对地区收敛性的影响机理。在第三章中,命题2指出了现代非公有制部门与现代公有制部门技术水平差异对资本边际报酬的影响。根据本章的研究,一个较高的投资率和FDI比重将提高设备体现型技术进步速度。因此,随着现代非公有制部门的投资比重的不断提高,这一部门的设备体现型技术进步率也将逐步提高。根据第三章研究的结论,抛开其他技术进步的因素不谈,非公有制部门设备体现型技术进步的提高将强化经济已有的发散趋势。

基于设备体现型技术进步正逐步成为推动中国经济增长的一个重要因素,所以不同地区投资率和开放度的差异会通过体现型技术进步影响双重转型经济不同部门的技术水平,从而对地区收敛性产生影响。所以,投资率和FDI的差异通过体现型技术进步这一机制进一步推动了地区差距的扩大。

第六章　中国地区差距发展的未来展望

在第三、四、五三章中，我们从中国经济所特有的双重转型背景出发，详细讨论了地区经济增长发散与收敛现象形成的一般机理、俱乐部收敛现象形成、发展与变化机理和伴随着资本积累的体现型技术进步对地区收敛性的影响机理，对中国地区差距形成与变化的原因做出了新的解释。那么，根据这些对中国地区收敛性形成机理的认识，未来中国地区差距的发展将向什么方向演进，是进一步延续 20 世纪 90 年代以来持续扩大这样的趋势？还是在未来可以预期的时间内再次发生转折，实现由区域不平衡发展向协调发展转变？

事实上，在前面的几章中，结合收敛性形成机理的分析，已经或多或少地讨论过这些问题，也或多或少地给出了一些答案。在本章中，我们将集中讨论这些问题。当然，对这些问题的讨论是有相当风险的。一方面，迄今为止，没有任何一个理论在对未来进行预测时能够完全经得起历史的检验；而另一方面，对于尚未完成转型过程的中国经济来说，未来的制度背景与体制环境的变化仍有相当的不确定性。尽管如此，我们仍然想做出一些努力，试图为未来中国实现区域协调发展、全面建设小康社会提供一点有针对性的政策建议。

本章以下的结构安排是：首先，归纳本书的主要观点；其次，从理论上对中国地区差距未来发展的趋势做出一个概略性的预测，结合统计描述对当前中国地区差距演化的趋势做出一个基本判断；最后，给出我们的政策建议。

第一节　地区收敛性的形成机理

根据我们的研究,一个双重转型经济收敛与发散与其双重转型速度有相当大的关系。转型速度越快,出现发散的可能性越大。而在中国财政分权的背景下,由于最小政府规模的存在,地区经济增长会呈现非线性特征,进而产生俱乐部收敛即区域间差距扩大的现象。此外,由体现型技术进步所产生的投资外溢,也对地区收敛性产生影响。

基于这样的机理,对于 20 世纪 80 年代特别是 80 年代早期地区经济增长出现绝对收敛趋势,其原因很容易理解。第一,众所周知的是,这一时期经济的双重转型速度并不快,报酬递减是经济增长的主要特征,所以在各地物质资本和人力资本积累率、劳动力增长率差异相对不大的情况下,容易产生绝对收敛的趋势。第二,大部分省份在这一阶段仍然受到最小政府规模的约束,处于增长速度相对较低的增长路径,区域差距并没有显著扩大。第三,体现型技术进步对经济增长的效应还不大,资本品效能的差异对地区差距的影响较小。

同样的,对于 20 世纪 80 年代后期开始地区经济增长出现的明显发散趋势,我们也很容易理解其形成的主要机理。第一,由于 20 世纪 90 年代中国双重转型速度明显加快,非公有制经济迅速发展,大量的劳动力转移到非公有制部门,某些地区出现阶段性报酬递增现象,进而产生了增长发散的趋势,生产要素跨区域流动强化了这一趋势。第二,从 20 世纪 90 年代开始,随着一些发达省份相继突破由于最小政府规模而产生的发展"门槛",这些地区的地方政府通过加大公共投入、改善投资环境,使经济跃上了增长速度相对较高的增长路径;对东部实施的倾斜政策在一定程度上加快了东部地区突破发展"门槛"的速度,拉大了与处于较低增长路径上落后地区的发展差距。第三,由于中央的斜倾发展政策,东部地区得到了更多的投资和 FDI 流入,投资的增加和 FDI 的流入一方面通过增加经济的人均资本数量对地区差距构成直接影响;另一方面,也通过体现型技术进步提高人均资本的质量和效能,从而对地区差距构成间接影响。上述三个方面的因素在 20 世纪 90 年代产生"共振",导致了地区差距在这一时期呈现出加速扩大的趋势。图6-1显示了20世纪90年代地区经济增长发散的主要机理。

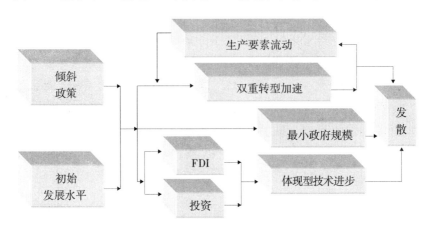

图6-1　20世纪90年代发散的主要机理

第二节　地区差距的未来发展趋势

根据本书所提出的地区经济增长收敛性形成机理,我们可以发现,双重转型速度与落后地区经济发展水平的变化对于未来地区差距发展的预测非常重要。进一步讲,如果未来中国双重转型速度不能保持像20世纪90年代那样非常迅猛的速度,那么地区收敛就可以预期;如果落后地区的经济发展水平突破了"瓶颈"的制约,区域之间经济发展差距过大的状况就有可能出现逆转。当然,由于体现型技术进步的影响,落后地区保持一个不低于发达地区的投资率也很重要。

基于此,我们可以对未来中国地区差距的变化与发展做出以下的判断:

判断1:从总体上看,未来的地区差距将有可能出现缩小的趋势。

做出这样的判断,理由有三个:

第一,根据本书的研究,双重转型经济的地区差距变化会呈现出倒N型特征,即在转型早期,由于转型的速度较慢,地区差距会趋于缩小,随着转型速度的加快,地区差距将进入扩大阶段,但随着阶段性转型目标的实现,特别是以农村劳动力转移为主要表现的结构转型的速度由于剩余劳动力的不断减少而放缓后,地区差距将进入逐步缩小的阶段。

按照发展经济学的观点,剩余劳动力被吸收殆尽的时刻,就意味着二元经济结构特征开始消失,标志着"刘易斯转折点"的到来。在这个转折点上或者一个区间内,可以普遍观察到的一个现象,就是劳动力在城乡的普遍短缺,普通劳动者的工资出现较快上涨。20世纪90年代末以来,城市正规劳动力市场每年都经历着两位数的工资上涨,不仅发生在垄断行业,也发生在那些主要吸收普通劳动者就业的制造业等行业。作为相对滞后的反应,农民工的工资水平也相应提高。根据蔡昉等人的研究,2001~2005年期间,外来劳动力小时工资的提高速度,比城市本地劳动者小时工资的提高速度高64%(蔡昉主编,2007)。农民工工资在最近几年的迅速上涨趋势,与以往十几年的停滞进行比较,反映出目前的变化是根本性的,即中国的二元结构转变有进入"刘易斯转折点"的趋势,这意味着中国20世纪90年代那种非常快速的结构转型可能在未来难以再现。

从体制转型的视角来看,从20世纪90年代中期开始的以民营经济崛起为标志的体制转型加速阶段似乎已经过去。从图6-2可以看出,国有经济投资与就业在经济的总投资与就业中的份额出现加速下降的时期已经过去,最近3年的下降速度已经大大减缓。2007年,国有经济就业人员占总就业人员的比重只有8%,全社会固定资产投资中国有投资仅占31.6%,体制转型速度开始明显下降。结论很明显,中国的体制转型的确在放慢,并且未来进一步转型的空间已经相当有限。结合结构转型速度放慢的可能性加大这一判断,根据本书的分析框架,我们有理由相信,已经持续近20年的地区差距扩大的趋势将逐渐停顿,在未来可以预期的时间内产生逆转的可能性正日益加大。

第二,经过最近几年新一轮经济高速发展时期的发展,中、西部省份的发展水平有了很大的提高,由最小政府规模所形成的发展"门槛"对大多数中、西部地区已不构成约束。按照1978年不变价计算,2007年人均GDP低于2500元的省份只剩下贵州和云南,大多数中、西部地区的人均收入水平已经突破我们估计的由于最小政府规模约束而形成的发展"门

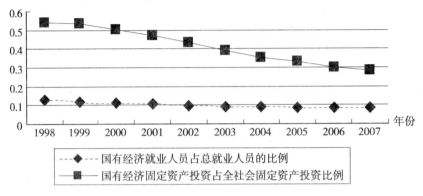

图6-2　国有经济投资与就业情况

资料来源:根据历年《中国统计年鉴》数据。

槛"。这意味着这些地区很有可能像20世纪90年代东部沿海省份一样很快将进入较高的增长路径,经济发展进入高速增长阶段,而西部地区的发展"提速"将有利于缩小中、西部落后地区与东部发达地区的发展差距,从而使地区差距在总体上出现向缩小转变的趋势。

第三,中央最近几年加大了区域统筹力度,在中、西部地区集中投资一批骨干项目,FDI也有向中、西部转移的趋势,其效应也将在今后几年逐步凸显。

判断2:在区域之间差距有望缩小的同时,区域内部各省份的差距将有可能扩大。

中国的俱乐部收敛现象同样存在动态性特点。我们的研究发现,由于中央在改革步骤上采取由东部沿海地区到中西部地区逐次展开的模式,增大了东部与西部稳态位置的差异,形成了统计意义上的俱乐部收敛,这在20世纪90年代中期之前的样本中体现得最为明显。但从20世纪90年代中后期开始,东部地区大部分省份从低水平均衡的增长路径向高水平均衡的增长路径过渡时,由于突破"门槛"的时间不同,内部各省份发展速度开始产生差异,东部地区在20世纪90年代中期之前的俱乐部收敛现象开始趋于消失。这一变化背后的经济含义非常明显,即如果将东部视为一个整体,其内部各省份的发展差距可能由前期的缩小转变为扩大。

另外,根据我们的分析,由于最近几年西部地区各省份发展速度加快,在未来的可以预期的时间内,其稳定的俱乐部收敛现象将会随着内部各省份逐次突破发展"门槛",有可能像东部地区20世纪90年代后期一样,呈现逐步消失的趋势,这意味着西部地区区域内部的差距由缩小向扩大转变的可能性在逐步加大。基于这两个方面的考虑,未来的中国地区差距将极有可能出现区域间差距缩小、区域内差距扩大并存的趋势。

既然中国的地区差距未来将有可能出现缩小的趋势,并且极有可能出现区域间差距缩小、区域内差距扩大并存的趋势,一个显而易见的问题是,这样的趋势将在什么时候出现? 当前是否已经出现地区差距由扩大向缩小转变的迹象?

中国的地区差距在很大程度上要由区域之间的差距来说明,因而考察最近几年西部地区的发展状况及其在全国的位次,有助于我们对上述问题做出一些简单判断。

表6-1我们选取了三个主要的国民经济和社会发展指标进行考察,它们是:地区生产总值、全社会固定资产投资总额和高速公路里程。根据本书的理论框架,如果西部地区的全社会固定资产投资总额在全国的份额上升的话,表明西部地区的生产要素在总体上停止了向东部地区流出,同时也有助于这些省份获得更多的体现型技术进步收益。高速公路通路里程的提高代表的是基础设施条件的改善,在中国财政分权的体制背景下,对基础设施更多的投资代表的是地方政府已经突破最小政府规模的约束,开始提供更多的有助于提高私人投资边际产品的公共品。当然,在西部地区的固定资产的投资中,有相当一部分来源于中央政府,特别是基础设施的投资更多。

表6-1 西部地区国民经济与社会发展部分指标

指标 \ 数值 \ 年份		2003	2004	2005	2006	2007
地区生产总值	绝对数(亿元)	22954.7	15133.9	33493.3	39527.1	47454.6
	占全国的份额(%)	16.9	16.9	16.9	17.1	17.3

指标 \ 数值 \ 年份		2003	2004	2005	2006	2007
全社会固定资产投资总额	绝对数(亿元)	10843.5	13754.4	17145.0	21996.9	25769.3
	占全国的份额(%)	19.9	19.8	20.3	20.4	22.4
高速公路里程	绝对数(公里)	7069.0	8638.0	10530.0	11717.0	n. a.
	占全国的份额(%)	23.8	25.2	25.7	25.8	n. a.

资料来源:《中国统计年鉴》相关年份,2007 年高速公路里程数据缺失(以 n. a. 表示)。

我们看到,西部地区全社会固定资产投资占全国的份额,2003～2006 年期间的变化并不大,均在 20% 左右,2007 年有一个大幅度提升,从 2006 年的 20.4% 提高到 2007 年的 22.4%。高速公路通路里程占全国的份额,2003～2006 年期间逐年上升,由 23.8% 提高到 25.8%,显示西部地区的基础设施条件的改善速度快于全国平均水平。投资的增加和基础设施条件的较快改善提高了西部地区增长速度,从西部生产总值占全国的份额来看,2003～2005 年保持在 19.6% 左右,扭转了 20 世纪 90 年代西部地区 GDP 在全国份额下降的趋势。2006 年,西部地区 GDP 占全国的份额提高到 17.1%,比 2003～2005 年上升了 0.5%,2007 年继续上升,达到 17.3%。

进一步地看,由表 6-2,西部地区内部的增长差异也比较明显。表中的 9 个西部省、市、区中,增长较快的包括四川、陕西、重庆、广西,按照这样的发展速度,再过 5～10 年,它们的发展水平将大大高于其他西部省区。我们注意到,这些发展较快的省区也是其人均 GDP 在西部地区排名靠前的省区,而发展较慢的贵州和云南,也是两个尚没有达到 1978 年不变价格人均 GDP 2500 元的省(区)。这很好地印证了第四章的分析,意味着西部地区稳定的俱乐部收敛现象不久将趋于消失,西部地区内部的发展差距问题很快将浮出水面。

表 6 - 2　西部九省、区地区生产总值指数　　　上年 = 100

年份\地区	2003	2004	2005	2006	2007
广西	110.2	111.8	113.2	113.6	114.9
重庆	111.5	112.2	111.5	112.2	115.6
四川	111.3	112.7	112.6	113.3	114.2
贵州	110.1	111.4	111.6	111.6	113.7
云南	108.8	111.3	109.0	111.9	112.3
陕西	111.8	112.9	112.6	112.8	114.4
甘肃	110.7	111.5	111.8	111.5	112.1
青海	111.9	112.3	112.2	112.2	112.5
宁夏	112.7	111.2	110.9	112.7	112.4

资料来源:《中国统计年鉴 2008》。

综合上述的统计指标变化,我们可以对当前中国地区差距的演变做出第 3 个判断:

判断 3:当前地区差距已经开始出现由扩大到缩小的迹象,同时,区域间差距缩小与区域内差距扩大并存的趋势不久将要显现。

第三节　政策建议

根据本书研究的主要结论,中国的地区差距最终会缩小,并且这种趋势在近几年已经开始显现,但由于区域内部的差距有扩大的可能,从实现经济又好又快发展出发,未来的地区统筹仍然需要解决以下问题:

一、有序控制农村劳动力跨区域流动

两个产业三个部门经济模型显示,由于农业生产率的提高而不断释放出大量的剩余劳动力,近乎无限供给的劳动力供给阻碍了转移劳动力的工资率上升,低成本的优势推动了现代非公有制部门的快速扩张。这样的一个增长模式使得发达地区在双重转型过程中赢得了一种"先发优势",不但可以利用本地的大量廉价农村劳动力进行低成本扩张,而且还可以利用其他地区的廉价农村劳动力强化自身的初始发展优势。

从目前来看,当前出现了由发散向收敛转变"拐点"的迹象,对于缓解由于地区差距过大所导致的一系列矛盾和问题不能不说是一个好"兆头",但根据本书的研究,这种"拐点"的出现是以二元结构转换速度放慢为代价的。根据2006年年底的数据,第一产业容纳了42.6%的就业,绝对数仍然高达32561万人,在中央新农村建设大的政策背景下,在未来的几年甚至更长一段的时间内,第一产业特别是中西部地区的第一产业仍将有大量的劳动力被陆续释放并转移到第二、三产业。这些被释放出的劳动力有两条转移路径,一个是继续不加控制地向东部发达省份跨区域转移,另一个是在当地转移。向东部转移可以缓解东部地区劳动力成本上升的压力,但这种转移路径最大的问题是,它既不利于地区差距问题的缓解,更不利于东部地区加快产业升级、率先实现经济发展方式的根本转变。因此,无论是从缩小地区差距着眼,还是从推进经济发展方式转变入手,都有必要采取适当的措施,对农村劳动力的跨区域流动进行必要的管理和控制,实现农村劳动力就地转移。

二、引导与鼓励发达地区实施产业转移

东部发达地区加快产业升级需要将落后的产业转移出去,而中西部地区实现劳动力就地转移,也需要相应产业的支撑。持续地推进产业转移,除了运用市场的手段外,还需要相关制度的配套。

(一)继续完善最低工资制度。最低工资制度最早产生于19世纪末的新西兰、澳大利亚,其后,英国、法国、美国等资本主义国家也结合本国实际,建立了各自的最低工资制度。从微观上看,最低工资制度有可能导致资源配置扭曲,但从宏观上看,通过规定最低工资,提高东部地区劳动密集型行业的劳动力成本,可以形成产业升级与转移的"推力"。2004年3月,劳动和社会保障部在1993年制定的《企业最低工资规定》基础上,修订并印发了《最低工资规定》,在覆盖范围、标准构成、标准形式和调整机制等4个方面进行了完善。到2006年年底,除西藏以外的所有省份都颁布实施了小时最低工资标准。但是,由于执行标准过于宽泛,惩戒措施存在缺位,并缺乏分行业的执行标准,这一法规并没有完全达到保障劳动者特别是低收入劳动者取得合理劳动报酬的目的,也不足以形成产业升级与转移的"推力"。① 因此,应进一步完善最低工资标准制度,按照月平均工资的一个合适比例确定标准,同时,也要针对不同行业的工资成本差异,出台分行业的最低工资指导线,通过成本机制推动产业转移。

(二)改革城市公共品供给制度。目前城市的公共品供给仍具有相当大的歧视性,大量农村转移劳动力因无法享受与当地居民同等的公共品服务而无法正式迁移到城市,呈现"候鸟式"流动模式。城市偏倚的公共品供给制度,在客观上降低了外来劳动力特别是农村劳动力的使用成本,进而加大产业的区域粘性,成为东部沿海地区劳动密集型产业经历20多年发展却迟迟未能向中西部地区转移的最重要的制度成因(罗浩,2003)。解决这一问题必须改变城市单方面制定有利于自身的政策这一现状,中央政府应该加快城市公共品供给制度的改革,从制度上消除城市居民对农民工的歧视,减少城市对农村劳动力融入城市的种种限制,逐渐实现进城的农民工享有与城市居民同等的公共品服务,引导城市政府改变工业化发展模式,形成政府层面的"推力",加快产业转移。② 特别是当前城市廉租房和经济适用房制度建设,也要考虑到进城农民工的利益。③ 这样,政府层面的"推力",才能与通过最低工资制度形成的企业层面的"推力"一起,推动先进地区提升技术创新的能力,加快产业升级与产业转移步伐,形成区域发展良性互动的局面。

---

① 根据2004年3月1日起施行的《最低工资规定》的相关要求,最低工资标准的确定有三种方法。其一,比重法。即确定一定比例的最低人均收入户为贫困户,统计出贫困户的人均生活费用支出水平,乘以每一就业者的赡养系数,再加上一个调整数。其二,恩格尔系数法。其三,国际上通行的计算方法,即以月平均工资的40%～60%来计算。但是,各地比较普遍采用比重法和恩格尔系数法来确定最低工资标准,这一标准与月平均工资的40%～60%相比低很多。

② 这一问题已经引起政府的重视,但进一步的立法与操作层面的工作还需要相当长的一段时间。

③ 根据国发〔2007〕24号《关于解决城市低收入家庭住房困难的若干意见》,农民工已列入城市廉租住房制度的受惠对象。根据原建设部设定的工作计划,2007年年底国内所有城市和县城城镇基本上建立了廉租住房制度,但是目前廉租住房制度覆盖面较小,一些符合条件的最低收入家庭不能及时得到保障,因而进城的农民工要真正地从这一制度受益,还需要一个漫长的过程。

(三)建立产业梯度转移补贴制度。对于国家宏观生产力布局而言,根据各地的资源禀赋结构、经济发展水平,通过推进产业梯度转移,形成具有区域特色的主体功能区,有利于进一步优化区域产业布局,调整城镇化与经济发展空间格局,重塑区域关系,实现区域发展的长期综合效益。实现这一目标,一方面要发挥市场机制在生产要素流动和产业集聚中的作用,另一方面更离不开政府的积极引导。产业梯度转移从国家整体来看有利于区域协调发展,但对于地方政府来讲,将意味着短期内地方就业、财政收入一定程度的下降,因而这种具有正外部性的经济活动需要通过补贴才能对发达地区的地方政府形成激励,形成产业转移与升级的"拉力"。目前,国家对推进自主创新与产业升级这方面非常重视,给予了大力的支持;但对发达地区劳动密集型产业的淘汰与转移,并没有多少激励措施。① 因此,需要出台相应的政策,鼓励这些产业从东部向中西部转移,一方面改变过分依赖生产要素投入增长这种缺乏可持续性的增长模式,另一方面大力推进中西部地区的工业化进程,进而实现经济发展方式的转变和主体功能区布局的完成。

三、继续加大对落后地区的政策扶持力度

落后地区之所以落后,是因为这些地区缺乏吸引生产要素流入的竞争力。落后作为一种"后发优势"而存在,取决于落后地区能否学习先进地区的成功经验,不断提高自身的竞争力。如果不能从根本上提高落后地区的竞争力,未来地区差距问题尽管不大可能像 20 世纪 90 年代那样加速扩大,但可能演变成一种持久的趋势。

从中国改革以来的增长经验来看,发达地区的快速工业化和对外贸易部门的扩张得益于在基础设施上的持续更新和国家政策的强力扶持,在生产要素市场配置机制的作用下,发达地区的初始发展优势得到了强化。目前,国家在中西部地区已经投入了大量的资金用于改善基

---

① 广东省有一个产业转移工业园外部基础设施建设省财政补助资金使用管理办法,补助资金是用于产业转移工业园外部基础设施的基本建设,省对已建立产业转移工业园的地级市定额补助 4000 万元。

础设施条件,但在新的发展阶段,这些地区要进入良性发展循环,培植起自身的竞争力,还需要进一步的政策支持。

(一)调整不利于缩小地区差距的转移支付制度并适当向落后地区倾斜。现行的转移支付制度保留了维持既得利益的体制性转移支付,其中的两税返回与税收收入的增长挂钩,实际上起到了逆向调节的作用,不利于地区间差距的缩小,偏离了均等化目标。受制于经济发展水平,越是经济不发达的地区,体制性补助就越少。同时,一般性转移支付的规模偏小,调节财力均等化的作用有限。专项转移支付种类太多,在整个中央转移支付中的比重偏大(苏明、王常松,2007)。根据我们的研究,通过向落后地区持续地进行财政转移支付,可以缓解最小政府规模的约束,推动落后地区早日突破发展门槛。从目前来看,中央已具有以实现财力均等化为主要目标的扩大一般性转移支付的能力,因此,应进一步提高一般性转移支付的比重,同时适当地向落后地区倾斜,减轻落后地区的财政负担,降低落后地区的实际税负,改善落后地区的公共品供给,推动落后地区由低水平均衡的增长路径向高水平均衡的增长路径跃进。

(二)兼顾落后地区的地方利益深化资源性产品价格机制改革。目前,由于受体制因素的制约,资源性产品价格市场化程度不高,价格不能真实地反映市场供求关系和资源稀缺程度,缺乏对投资者、经营者和消费者的激励和约束作用。同时,由于资源性产品的价格构成不合理,许多资源性产品在生产过程中的资源破坏和环境污染的治理成本没有体现在价格中,外部成本没有内部化。中西部地区大多是资源大省,近30年来,不合理的资源性产品定价制度使得中西部地区的大量财富通过价格机制的扭曲被转移到东部地区,在推动东部地区低成本扩张的同时,也使中西部地区的资源优势难以转化为发展优势。因此,立足于资源的可持续利用,深化资源性产品价格机制改革应当考虑各个方面的利益,在保证国家作为资源所有者合理收益的基础上,针对不同地区发展的实际情况,兼顾地方与企业利益并给予适当的倾斜,防止通过税收渠道产生新一轮的财富转移,使中西部地区在资源性产品价格体制改革中真正得益,推动中西部地区尽快形成发展优势。

（三）在土地、信贷等方面给予中西部发展以较大的政策倾斜。当前，我国经济发展正处于一个历史转折期，经济发展越来越受到资源和内外部环境的约束，加快转变经济发展方式迫在眉睫。考虑到中西部地区现有的发展水平，这些地区转变经济增长方式还要经历一个较长的阶段。因此，国家在制定有关政策时，应考虑到不同地区的资源环境和经济社会发展的现实状况，适当放宽对落后地区土地、信贷等方面的限制，实行针对性强的差别化区域政策，分类指导和调控各地区发展；同时，在宏观调控中，也应考虑到中西部地区的实际，避免政策"一刀切"抑制落后地区最近几年开始上升的良好发展势头，通过差别化宏观调控政策进一步培植这些地区的发展优势，以保证在良好的基础上推进中西部地区快速发展。

（四）进一步加大对贫困地区的职业教育扶持力度。中国的工业化不能长期依赖成本低但人力资本同样低的劳动力，进一步提高劳动力特别是从农村转移出来的劳动力素质，是实现经济方式根本转变的必要途径，也是提高西部地区竞争力的重要措施。近几年来，国家对中西部贫困地区的教育非常重视，2007年全国财政安排农村义务教育经费1840亿元；全部免除了西部地区和部分中部地区农村义务教育阶段5200万名学生的学杂费；西部地区"两基"人口覆盖率由2003年的77%提高到96%。[①] 但是，与对基础教育扶持的力度相比，职业教育与培训的力度还应该进一步加强，特别是对流动劳动力职业技术教育培训机制的完善力度还应进一步加强。从目前来看，对流动劳动力职业技术教育的培训机制主要由个人投入和企业投入决定，政府缺乏有效的激励，所以国家应一方面应建立健全农民工在岗培训的激励机制，通过税收与财政的杠杆鼓励个人与企业加大对职业技术培训的投入；另一方面，也应对中西部地区职业技术培训市场的建设加大投入，不断提高农村进城务工人员的职业技能。[②]

---

① 温家宝：《政府工作报告》，《人民日报》2008年3月8日。
② 我们高兴地看到，十七届三中全会所通过的决定，专门提到在农村普及高中阶段的教育和加强职业教育，说明中央政府对这项工作的高度重视，但真正实现这些目标，可能要经历相当长的时期。

四、加快政府转型的步伐

在改革以来的中国经济增长中,地方政府发挥了重要的作用。应该说,在转型的特定阶段,需要各级政府发挥其连接不完全市场与不完全计划和推进制度创新的作用,但随着转型的深入,政府转型的步伐应该进一步加快。本书的研究发现,如果转型中政府规模不能得到有效控制,不但落后地区有可能陷于低水平均衡陷阱,进一步拉大与发达地区的发展差距;同时,发达地区也可能因为政府支出增长的负效应过大对经济增长产生负面影响。因此,加快政府转型,对于控制与缩小地区差距和中国经济可持续发展,具有十分重要的意义。

(一)强化政府公共服务职能。当前,迫切需要解决的问题是:第一,研究和界定中央与地方在公共服务供给方面的财权、事权,使财权和事权相对称,在实行有效的转移支付的基础上进一步强化地方政府在公共服务供给中的作用。第二,加快公共财政体制建设,使财政支出逐步向义务教育、公共医疗、社会保障等社会公益性项目倾斜。第三,建立和完善从中央到地方的就业工作体系,把扩大就业作为各级政府的主要工作职责之一。第四,制定公共服务的最低标准,保证低收入人群能够获得最基本的公共服务。第五,实现政府社会管理理念的创新,稳妥地培育社会民间组织。

(二)减少政府干预。政府规模膨胀的一个重要原因,是政府对经济干预太多、太深入。因此,政府应限制自身对微观经济主体进行直接行政干预的权力,将不应由政府行使的部分职能逐步转移给企业、市场和社会中介组织。第一,界定各级政府的基本职能和国有资产的管理形式,使政府公共管理职能和国有资产出资人职能分开,促进国有或国有控股企业真正实现政企分开。第二,加快行政性垄断部门的改革步伐,进一步开放政府垄断的行业和市场,扩大市场竞争的范围。第三,进一步完善相关的法律体系,提高政府规制市场化和法制化水平。

(三)调整政府管理幅度。一方面,从减轻省级政府的管理压力出发,根据地域、地理、文化、经济、人口等相关因素,适当增加省级行政区或者直辖市的数量,使省级政府管理幅度和能力尽量与所辖人口规模、地域空间、县级政府数量等相匹配,减少行政区的管理幅度。同时,在政府内部的职能设置上,进一步推动"大部门"制改革,提高管理水平,改善行政效率。

当然,实现上述目标,最主要的是建立一个旨在推进科学发展的政绩评价体系,引导各级政府更加注重城乡统筹与区域统筹,推进实现协调稳定可持续的经济增长。

参考文献

一、中文部分

1. 蔡昉:《农村剩余劳动力流动的制度性障碍分析——解释流动与差距同时扩大的悖论》,《经济学动态》2005 年第 1 期。

2. 蔡昉、都阳:《中国地区经济增长的趋同与差异——对西部开发战略的启示》,《经济研究》2000 年第 10 期。

3. 蔡昉等:《制度、趋同与人文发展——区域发展和西部开发战略思考》,中国人民大学出版社 2002 年版。

4. 蔡昉等:《中国人口与劳动问题报告 No. 8——刘易斯转折点及其政策挑战》,社会科学文献出版社 2007 年版。

5. 陈安平、李国平:《中国地区经济增长的收敛性:时间序列的经验研究》,《数量经济技术经济研究》2004 年第 11 期。

6. 陈抗、Arye L. Hillman、顾清扬:《财政集权与地方政府行为变化——从援助之手到攫取之手》,《经济学(季刊)》2002 年第 4 期。

7. 陈晓玲、李国平:《我国地区经济收敛的空间面板数据模型分析》,《经济科学》2006 年第 5 期。

8. 陈宗胜:《论中国经济运行的大背景——双重过渡》,《天津社会科学》1995 年第 6 期。

9. 邓翔:《经济趋同理论与中国地区经济差距的实证研究》,西南财经大学出版社 2003 年版。

10. 董先安:《浅释中国地区收入差距:1952～2002》,《经济研究》2004 年第 9 期。

11. 樊纲:《两种改革成本与两种改革方式》,《经济研究》1993 年第 1 期。

12. 范剑勇、王立军、沈林洁:《产业集聚与农村劳动力跨区域流动》,《管理世界》2004 年第 4 期。

13. 郭金兴:《1996～2005 年中国农业剩余劳动力的估算——基于随机前沿模型的分析》,《南开经济研究》2007 年第 4 期。

14. 郭庆旺、贾俊雪:《中国全要素生产率的估算:1979～2004》,《经济研究》2005 年第 6 期。

15. 国务院研究室课题组:《中国农民工调研报告》,中国言实出版社 2006 年版。

16. 洪银兴、曹勇:《经济体制转轨时期的地方政府功能》,《经济研究》1996 年第 5 期。

17. 胡鞍钢、邹平:《社会与发展——中国社会发展地区差距研究》,浙江人民出版社 2000 年版。

18. 胡永泰:《中国全要素生产率:来自农业部门劳动力再配置效应的首要作用》,《经济研究》1998 年第 3 期。

19. 黄少安:《关于制度变迁的三个假说及其验证》,《中国社会科学》2000 年第 4 期。

20. 黄先海、刘毅群:《物化技术进步与我国工业生产率增长》,《数量经济技术经济研究》2006 年第 6 期。

21. 李扬、殷剑峰:《劳动力转移过程中的高储蓄、高投资和中国经济增长》,《经济研究》2005 年第 5 期。

22. 厉以宁:《转型发展理论》,同心出版社 1996 年版。

23. 林光平、龙志、吴梅:《中国地区经济 σ 收敛的空间计量实证分析》,《数量经济技术经济研究》2006 年第 4 期。

24. 林毅夫:《关于制度变迁的经济学理论——诱致性变迁与强制性变迁》,载《财产权利与制度变迁——产权学派与新制度学派译文集》,上海三联书店 1999 年版。

25. 林毅夫、刘培林:《中国的地区发展战略与地区收入差距》,《经济研究》2003 年第 3 期。

26. 林毅夫、刘培林:《经济发展战略对劳均资本积累和技术进步的影响——基于中国经验的实证研究》,《中国社会科学》2003 年第

4 期。

27. 林毅夫、任若恩:《东亚经济增长模式相关争论的再探讨》,《经济研究》2007 年第 8 期。

28. 刘黄金:《地区间生产率差异与收敛——基于中国各产业的分析》,《数量经济技术经济研究》2006 年第 11 期。

29. 刘木平、舒元:《我国地区经济的收敛与增长决定力量:1978 ~ 1997》,《中山大学学报(社会科学版)》2000 年第 5 期。

30. 刘强:《中国经济增长的收敛性分析》,《经济研究》2001 年第 6 期。

31. 刘树成、张晓晶:《中国经济持续高增长的特点和地区间经济差异的缩小》,《经济研究》2007 年第 10 期。

32. 刘夏明、魏英琪、李国平:《收敛还是发散? ——中国区域经济发展争论的文献综述》,《经济研究》2004 年第 7 期。

33. 罗浩:《中国劳动力无限供给与产业区域粘性》,《中国工业经济》2003 年第 4 期。

34. 马瑞永:《经济增长收敛机制:理论与实证研究》,浙江大学博士论文,2006 年。

35. 马栓友、于红霞:《转移支付与地区经济收敛》,《经济研究》2003 年第 3 期。

36. 彭国华:《中国地区收入差距、全要素生产率及其收敛分析》,《经济研究》2005 年第 3 期。

37. 平新乔、白洁:《中国财政分权与地方公共品供给》,《财贸经济》2006 年第 2 期。

38. [比]热若尔·罗兰:《转型与经济学》,张帆、潘佐红译,北京大学出版社 2001 年版。

39. 沈坤荣:《体制转型期的中国经济增长》,南京大学出版社 1999 年版。

40. 沈坤荣、马俊:《中国经济增长的"俱乐部收敛"特征及其成因研究》,《经济研究》2002 年第 1 期。

41. 沈坤荣、唐文健:《大规模劳动力转移条件下的经济收敛性分析》,《中国社会科学》2006 年第 5 期。

42. 苏明、王常松:《我国财政转移支付制度的现状分析与对策》,《中国经济时报》2007 年 12 月 25 日。

43. 舒元、徐现祥:《中国经济增长模型的设定:1952～1998》,《经济研究》2002 年第 11 期。

44. 孙琳琳、任若恩:《中国资本投入和全要素生产率的估算》,《世界经济》2005 年第 12 期。

45. Sylvie Démurger 等:《地理位置与优惠政策对中国地区经济发展的相关贡献》,《经济研究》2002 年第 9 期。

46. 谭崇台:《发展经济学概论》,武汉大学出版社 2001 年版。

47. 唐文健:《技术采纳与跨国生产率差异研究评述》,《湖北大学学报(哲社版)》2007 年第 3 期。

48. 唐文健:《资本品生产部门技术进步的增长含义——基于马克思扩大再生产理论的一个研究》,《当代财经》2008 年第 6 期。

49. 唐文健、李琦:《中国设备投资专有技术进步的估计》,《统计研究》2008 年第 4 期。

50. 唐文健、李琦:《中国区域俱乐部收敛的形成与变化——基于参数与非参数估计的研究》,《华东经济管理》2008 年第 9 期。

51. 滕建州、梁琪:《中国区域经济增长收敛吗?——基于时序列的随机收敛和收敛研究》,《管理世界》2006 年第 12 期。

52. 王德文、朱玮、叶晖:《1985～2000 年我国人口迁移对区域经济差异的均衡作用研究》,《人口与经济》2003 年第 6 期。

53. 王红玲:《关于农业剩余劳动力数量的估计方法与实证分析》,《经济研究》1998 年第 4 期。

54. 王健:《我国单位 GDP 公务员数超发达国家 20 倍》,《中国改革报》2006 年 2 月 13 日。

55. 王检贵、丁守海:《中国究竟还有多少农业剩余劳动力》,《中国社会科学》2005 年第 4 期。

56. 王小鲁、樊纲:《中国地区差距的变动趋势和影响因素》,《经济研究》2004 年第 1 期。

57. 王铮、葛昭攀:《中国区域经济发展的多重均衡态与转变前兆》,《中国社会科学》2002 年第 4 期。

58. 王志刚:《质疑中国经济增长的条件收敛性》,《管理世界》2004 年第 3 期。

59. 魏后凯:《中国地区经济增长及其收敛性》,《中国工业经济》1997 年第 3 期。

60. 徐现祥、舒元:《中国经济增长的劳动结构效应》,《世界经济》2004 年第 5 期。

61. 徐现祥、舒元:《中国省区经济增长分布的演进(1978 ~ 1998)》,《经济学(季刊)》2004 年第 3 期。

62. 徐现祥、舒元:《物质资本、人力资本与中国地区双峰趋同》,《世界经济》2005 年第 1 期。

63. 杨瑞龙:《我国制度变迁方式转化的三阶段论》,《经济研究》1998 年第 1 期。

64. 杨瑞龙、杨其静:《阶梯式的渐进制度变迁模型——再论地方政府在我国制度变迁中的作用》,《经济研究》2000 年第 5 期。

65. 姚枝仲、周素芳:《劳动力流动与地区差距》,《世界经济》2003 年第 4 期。

66. 张鸿武:《我国地区经济增长的随机性趋同研究——基于综列数据单位根检验》,《数量经济技术经济研究》2006 年第 8 期。

67. 张胜、郭军、陈金贤:《中国省际长期经济增长绝对收敛的经验分析》,《世界经济》2001 年第 6 期。

68. 张维迎:《博弈论与信息经济学》,上海人民出版社 2004 年版。

69. 张维迎、栗树和:《地区之间的竞争与中国国有企业的民营化》,《经济研究》1998 年 12 期。

70. 赵志耘、吕冰洋、郭庆旺、贾俊雪:《资本积累与技术进步的动态融合:中国经济增长的一个典型事实》,《经济研究》2007 年第 11 期。

71. 郑玉歆:《全要素生产率的测算及其增长的规律》,《数量经济技术经济研究》1998 年第 10 期。

72. 周业安:《中国制度变迁的演进论解释》,《经济研究》2000 年第 5 期。

73. 周业安、冯兴元、赵坚毅:《地方政府竞争与市场秩序的重构》,《中国社会科学》2004 年第 1 期。

二、英文部分

1. Abramovitz, M. : "Catching up, Forging ahead, and Falling behind", *Journal of Economic History*, June, 1986, pp. 385 – 406.

2. Acemoglu, Daron: " Labor-and Capital-Augmenting Technical Change", *NBER Working Paper w*7544, 2000.

3. Acemoglu, D. Johnson, S. , and Robinson, J. : *Institutions as the Fundamental Cause of Long-Run Growth*, in Handbook of Economic Growth, edited by Philippe Aghion and Steve Durlauf , New York: Elsevier, 2005.

4. Aghion, P. , Harris, C. , Howitt, P. , and Vickers, J. : Competition, Imitation, and Growth with Step-by-Step Innovation, *Review of Economic Studies*, 68, 2001, pp. 467 – 492.

5. Aghion, P. , Bloom, N. , Blundell, R. , Griffith, R. , and Howitt, P. : "Competition and Innovation: An Inverted U Relationship", *NBER working paper w*9269, 2002.

6. Aghion, P. and Howitt, P. : "A Model of Growth Through Creative Destruction", *Econometrica*, 2, 1992, pp. 323 – 351.

7. Anselin, L. : *Spatial Econometrics: Methods and Models*, London: Kluwer, 1988.

8. Anselin, L. and Rey, S. J. : "Properties of Tests for Spatial Dependence in Linear Regression Models", *Geographical Analysis*, 23, 1991, pp. 112 – 131.

9. Arrow, K J. : "The Economic Implications of Learning by Doing", *Review of Economic Studies*, 3, 1962, pp. 155 – 173.

10. Aziz, J. and Duenwald, C. : " China's Provincial Growth Dynamics", *IMF Working Paper WP/01/3*, 2001.

11. Barro, R. J. : "Economic Growth in a Cross Section of Countries", *Quarterly Journal of Economics*, 106, 1991, pp. 407 – 443.

12. Barro, R. J. : "Determinants of Economic Growth: A Cross-Country Empirical Study", *NBER Working Papers* w5698, 1997.

13. Barro, R. J. and Sala-I-Martin X. : "Convergence across States and Regions", *Brookings Papers on Economic Activity*, 1, 1991, pp. 107 – 158.

14. Barro, R. J. and Sala-I-Martin, X. : "Regional Growth and Migration: a Japanese-US Comparison", *Journal of the Japanese and International Economy*, 4, 1992, pp. 312 – 346.

15. Barro, R. J. and Sala-I-Martin, X. : *Economic Growth*, New York: McGraw-Hill, 1995.

16. Barro, R. J. and Sala-I-Martin, X. : "Technological Diffusion, Convergence, and Growth", *Journal of Economic Growth*, 1, 1997, pp. 1 – 26.

17. Barro, R. J. and Sala-I-Martin, X. : *Economic Growth* (2nd Ed), Cambridge: MIT Press, 2004.

18. Baumol, W. J. : "Productivity Growth, Convergence, and Welfare: What the Long-Run Data Show", *American Economic Review*, 5, 1986, pp. 1072 – 1085.

19. Benhabib, Jess and Rustichini, Aldo: "Vintage Capital, Investment And Growth", *Journal of Economic Theory*, 2, 1991, pp. 323 – 339.

20. Bernake, Ben S. and Gürkaynak, R. S. : "Is Growth Exogenous? Taking Mankiw, Romer and Weil Seriously", *NBER Working Papers* w8365, 2001.

21. Bernard, A. B. and Durlauf, S. N. : "Interpreting Tests of Convergence Hypothesis", *Journal of Economics and Statistics*, 2, 1996, pp. 161 – 173.

22. Bernard, A. B. and Jones, C. I. : "Comparing Apples to Oranges: Productivity Convergence and Measurement Across Industries and Countries", *American Economic Review*, 5, 1996, pp. 1216 – 1238.

23. Bernard, A. and Jones, C. : "Technology and Convergence",

Economic Journal, 437, 1996, pp. 1037 − 1044.

24. Blanchard, O. and Shleifer, A. : "Federalism With and Without Political Centralization: China vs. Russia", *Palgrave Macmillan Journals*, 4, 2001, pp. 171 − 179.

25. Bond, S. , Hoeffler, H. and Temple, J. : "GMM Estimation of Empirical Growth Models", *CEPR Discussion Paper No. 3048*, 2001.

26. Borensztein, E. , De Gregorio, J. , and Jong-Wha Lee: "How Does Foreign Direct Investment Affect Economic Growth?", *Journal of International Economics*, 45, 1998, pp. 115 − 135.

27. Bowman, A. W. , and A. Azzalini. : *Applied Smoothing Techniques for Data Analysis*, Oxford: Clarendon Press, 1997.

28. Carlino, G. and Mills, L. : "Convergence and the U. S. States: a Time-Series Analysis ", *Journal of Regional Science*, 4, 1996, pp. 587 − 616.

29. Caselli, F. , Esquivel, G. and Lefort, F. : " Reopening the Convergence Debate: A New Look at Cross-country Growth Empirics ", *Journal of Economic Growth*, 3, 1996, pp. 363 − 389.

30. Caselli, Francesco and Wilson, Daniel J. : "Importing Technology", *Journal of Monetary Economics*, 1, 2004, pp. 1 − 32.

31. Cass, David: "Optimum Growth in an Aggregative Model of Capital Accumulation", *Review of Economic Studies*, July, 1965, pp. 233 − 240.

32. Chen, J and Fleisher, B. M. : "Regional Income Inequality and Econmic Growth in China", *Journal Comparative Economics*, 22, 1996, pp. 141 − 64.

33. Cooley, T. F. , Greenwood, J. and Yorukoglu, M. : "The Replacement Problem", *Journal of Monetary Economics*, 3, 1997, pp. 457 − 499.

34. Cummins, J. and Violante, G. L. : "Investment-Specific Technical Change in the United States (1947—2000): Measurement and Macroeconomic Consequences", *Review of Economic Dynamics*, 2, 2002, pp. 243 − 84.

35. De la Fuente, A. : "Convergence Across Countries and Regions:

Theory and Empirics", *CEPR Discussion Paper No.* 2465, 2000.

36. De Long, J. B. and Summers, L. H. : "How Strongly do Developing Countries Benefit from Equipment Investment", *Journal of Monetary Economics*, 32, 1993, pp. 395 – 415.

37. Domar, Evsey D. : "Capital Expansion, Rate of Growth, and Employment", *Econometrica*, 14, 1946, pp. 137 – 147.

38. Dowrick, S. and M. Rogers: "Classical and Technological Convergence: Beyond the Solow-Swan Growth Model", *Oxford Economic Papers*, 54, 2002, pp. 369 – 385.

39. Durlauf, N. S. : "A Theory of Persistent Income Inequality", *Journal of Economic Growth*, 1, 1996, pp. 75 – 94.

40. Eaton, Jonathan and Samuel Kortum, "Trade in Capital Goods", *European Economic Review*, 7, 2001, pp. 1195 – 1235.

41. Friedman, M. : "Do Old Fallacies Ever Die", *Journal of Economic Literature*, 4, 1992, pp. 2129 – 2132.

42. Frye, T. and Shleifer, A. : "The Invisible Hand and the Grabbing Hand", *American Economic Review*, 87, 1997, pp. 354 – 358.

43. Galor, Oded: "Convergence? Inference from Theoretical Models", *The Economuc Journal*, 106, 1996, pp. 1056 – 1069.

44. Gerschenkron, A. : *Economic Backwardness in Historical Perspective*, Cambridge MA: Belknap, 1962.

45. Gordon, R. J. : *The Measurement of Durable Goods Prices*, Chicago: University of Chicago Press, 1990.

46. Gort, M. , Greenwood, J. , Rupert, P. : "Measuring the Rate of Technological Progress in Structures", *Review of Economic Dynamics*, 2, 1999, pp. 207 – 230.

47. Greenwood, J. , Hercowitz, Z. , Krusell, P. : "Long-run Implications of Investment Specific Technological Change", *American Economic Review*, 87, 1997, pp. 342 – 362.

48. Greenwood, Jeremy, Krusell, Per. : "Growth Accounting with

Investment-Specific Technological Progress: A Discussion of Two Approaches", *Journal of Monetary Economics*, 4, 2007, pp. 1300 – 1310.

49. Grossman, G. M. , and Helpman, E. : *Innovation and Growth in the Global Economy*, Cambridge, MA: MIT Press, 1991.

50. Hall, Robert E. , and Jones, Charles I. : "Why Do Some Countries Produce So Much Output Per Worker Than Others", *The Quarterly Journal of Economics*, 1, 1999, pp. 83 – 116.

51. Harrod, Roy F. : "An Essay in Dynamic Theory", *Economic Journal*, 49, 1939, pp. 14 – 33.

52. Hercowitz, Zvi: "The ' Embodiment' Controversy: a Review Essay", *Journal of Monetary Economics*, 1, 1998, pp. 217 – 24.

53. Hulten, Charles: "Growth Accounting when Technical Change is Embodied in Capital", *American Economic Review*, 4, 1992, pp. 964 – 980.

54. Islam N. : "Growth Empirics: A Panel Data Approach", *Quarterly Journal of Economics*, 4, 1995, pp. 1127 – 1170.

55. Jones, C. I. , "On the Evolution of the World Income Distribution", *Journal of Economic Perspectives*, 3, 1997, pp. 19 – 36.

56. Jones, C. I. : "Growth: With or Without Scale Effects", *American Economic Review*, 89, 1999, pp. 139 – 144.

57. Jones L. E. and R. E. Manuelli: "A Convex Model of Equilibrium Growth: Theory and Policy Implications", *Journal of Political Economics*, 98, 1990, pp. 1008 – 1038.

58. Jorgenson, D. W. : " Surplus Agricultural Labor and The Development of A Dual Economy", *Oxford Economic Papers*, 3, 1966, pp. 288 – 312.

59. Jorgenson, D. W. : "The Embodiment Hypothesis", *Journal of Political Economy*, 1, 1966, pp. 1 – 17.

60. Kaldor, Nicholas: "Capital Accumlation and Economic Growth", in Friedrich A. Lutz and Douglas C. Hagure, eds. , *Proceedins of a Conference Held by the Internatuonak Economics Association*, Kindin: Macmiliian, 1963.

61. Klenow, Peter J. and Rodriguez-Clare, Andres: "Economic Growth: A Review Essay", *Journal of Monetary Economics*, 3, 1997, pp. 597 – 617.

62. Koopmans, Tjalling C.: "On the Concept of Optimal Economic Growth", In *The Econometric Approach to Development Planning*, Amsterdam: North Holland, 1965.

63. Kwan, Chi Hung, "Why China's Investment Efficiency is Low—Financial Reforms are Lagging Behind", [EB/OL] http://www.rieti.go.jp/en/china/04061801.html, 2004.

64. Kuzents, S.: "Quantitative Aspects of the Economic Growth of Nations", *Economic Development and Cultural Change*, 2, 1963, pp. 1 – 80.

65. Landau, Daniel: "Government Expenditure and Economic Growth: A Cross Country Study", *Southern Eeconomic Journal*, 49, 1983, pp. 783 – 792.

66. Landau, Daniel: "Government Expenditure and Economic Growth in the Developed Countries, 1952 ~ 1976", *Public Choice*, 3, 1985, pp. 459 – 477.

67. Lall, S. and Yilmaz, S.: "Regional Economic Convergence: Do Policy Instruments Make a Difference?", *Annals of Regional Science*, 1, 2001, pp. 151 – 166.

68. Lee, J. W.: "Capital Goods Imports and Long-run Growth", *Journal of Development Economics*, 48, 1995, pp. 91 – 110.

69. Lewis, W. Arthur: "Economic Development with Unlimited Supplies of Labor", *Manchester School of Economic and Social Studies*, 22, 1954, pp. 139 – 191.

70. Lewis, W. Arthur: *The Theory of Economic Growth*, London: Routledge, 1955.

71. Lucas, Robert E.: "On the Mechanics of Economic Development", *Journal of Monetary Economics*, 1, 1988, pp. 3 – 42.

72. Lucas, Robert E: "Why Doesn't Capital Flow from Rich to Poor Countries?", *American Economic Review*, 2, 1990, pp. 92 – 96.

73. Lucas, Robert E: "Externalities and Cities", *Review of Economic Dynamics*, 2, 2001, pp. 245 – 274.

74. Madsen, Jakob B. : "The Causality between Investment and Economic Growth", *Economics Letters*, 2, 2002, pp. 157 – 163.

75. Mankiw, G. N. , Romer, D. , and Weil, D. N. : "A Contribution to the Empirics of Economic Growth", *Quarterly Journal of Economics*, 2, 1992, , pp. 407 – 437.

76. Miller, Stephen M. and Russek, Frank S. : "Fiscal Structures and Economic Growth: International Evidence ", *Economic Inquiry*, 3, 1997, pp. 603 – 613.

77. Murphy, K. M. , Shleifer, A. and Vishny, R. W. : "Industrialization and the Big Push", *Journal of Political Economy*, 4, 1989, pp. 1003 – 1026.

78. Mydal, G: *Economic Theory and Underdeveloped Regions*, London: Duckworth, 1957.

79. North, D. : *Institutions, Institutional Change, and Economic Performance*, New York: Cambridge University Press, 1990.

80. Olson, Mancur: *The Rise and Decline of Nations: Economic Growth, Stagflation, and Economic Rigidities*, New Haven and London: Yale University Press, 1982.

81. Parente, Stephen L: "Learning-by-Using and the Switch to Better Machines", *Review of Economic Dynamics*, 4, 2000, pp. 675 – 703.

82. Qian, Yingyi and Weigast, Barry R. : "China's Transition to Market: Market-Preserving Federalism, Chinese Style", *Journal of Policy Reform*, 2, 1996, pp. 149 – 185.

83. Quah, D. T: "Galton's Fallacy and Tests of the Convergence Hypothesis", *Scandinavian Journal of Economics*, 4, 1993, pp. 427 – 443.

84. Quah, D. T. : "Convergence Empirics Across Economics with (Some) Capital Mobility ", *Journal of Economic Growth*, 1, 1996, pp. 95 – 124.

85. Quah, D. T. : "Regional Convergence Clusters across Europe",

European Economic Review, 3, 1996, pp. 951 – 958.

86. Quah, D. T. : "Empirics for Economic Growth and Convergence", *European Economic Review*, 6, 1996, pp. 1353 – 1375.

87. Ram, Rati: "Government Size and Economic Growth: A New Framework and Some Evidence from Cross Section and Time Series Data", *American Economic Review*, 1, 1986, pp. 191 – 203.

88. Ramsey, Frank: "A Mathematical Theory of Saving", *Economic Journal*, 28, 1928, pp. 543 – 559.

89. Ranis, G. and J. C. H. Fei: "A Theory of Economic Development", *American Economic Review*, 4, 1961, pp. 533 – 565.

90. Rebelo, Sergio: "Long-Run Policy Analysis and Long-Run Growth", *Journal of Political Economy*, 3, 1991, pp. 500 – 521.

91. Rey S. J. and Montuori, B. D. : "US Regional Income Convergence: A Spatial Econometric Perspective", *Regional Studies*, 2, 1999, pp. 143 – 156.

92. Riverra-Batiz and Paul M. Romer: "International Trade with Endogenous Technological Change", *NBER Working Papers w3594*, 1991.

93. Romer, Paul, M. : "Increasing Returns and Long-Run Growth", *Journal of Political Economy*, 5, 1986, pp. 1002 – 1037.

94. Romer, P. : "Endogenous Technological Change", *Journal of Political Economy*, S5, 1990, pp. S71 – S102.

95. Rosenstein-Rodan, P. : "Problems of Industrialization in Eastern and South-eastern Europe, " *Economic Journal*, 53, 1943, pp. 202 – 211.

96. Rostow, W. W. : *The Stages of Economic Growth*, Oxford: Oxford University Press, 1960.

97. Rubinson, Richard: "Dependency, Government Revenue, and Economic Growth, 1955 ~ 1970", *Studies in Comparative International Development*, 12, 1977, pp. 3 – 28.

98. Sachs, Jeffrey, Wing Thye Woo: "Structural Factors in the Economic Reforms of China, Eastern Europe, and the Former SovietUnion",

Economic Policy, 9, 1994, pp. 101 - 145.

99. Saggi, Kamal, Trade: "Foreign Direct Investment and International Technology Transfer: A Survey", *World Bank Research Observer*, 17, 2002, pp. 191 - 235.

100. Sakellaris, P. , Vijselaar F. : "Capital Quality Improvement and the Sources of Economic Growth in the Euro Area", *Economic Policy*, 4, 2005, pp. 267 - 306.

101. Sheshinski, Eytan: "Optimal Accumulation with Learning by Doing", in Karl Shell, ed. , *Essays on the Theory of Optimal Economic Growth*, pp. 31 - 52. Cambridge, MA: MIT Press, 1967.

102. Shleifer, Andrei: "Government in Transition", *European Economic Review*, 41, 1997, pp. 385 - 410.

103. Solow, Robert M. : "A Contribution to the Theory of Economic Growth", *Quarterly Journal of Economics*, 70, 1956, pp. 65 - 94.

104. Solow, R. M. : "Investment and Technical Progress", in Kenneth J. et al. , *Mathematical Methods in the Social Sciences*. Stanford: Stanford University Press, 1960.

105. Summers, R. and Hestons, A. : "A New Set of International Comparisons of Real Product and Price Levels: Estimates for 130 Countries, 1950 ~ 1985", *Review of Income and Wealth*, 1, 1988, pp. 1 - 25.

106. Swan, Trevor W. : " Economic Growth and Capital Accumulation", *Economic Record*, 2, 1956, pp. 334 - 361.

107. Taylor, A. M. and J. G. Williamson: . "Convergence in the Age of Mass Migration ", *European Review of Economic History*, 1, 2006, pp. 27 - 63.

108. Uzawa, Hirofumi: "Optimal Technical Change in an Aggregative Model of Economic Growth ", *International Economic Review*, 6, 1965, pp. 18 - 31.

109. Williamson, J. G. : " Regional Inequality and the Process of National Development: A Description of the Patterns ", *Economic*

Development and Cultural Change, 4, 1965, pp. 3 - 45.

110. UP Lim. : " A Spatial Analysis of Regional Imcome Convergence", *Planning Forum*, 9, 2003, pp. 24 - 45.

后　记

　　2004年我考入南京大学商学院,在沈坤荣教授指导下攻读博士学位,2008年5月通过博士论文答辩并获得经济学博士学位。这本专著是在我的博士论文的基础上修改形成的,同时它也是作者参与由沈坤荣教授主持的国家社科基金(03BJL026)、国家自然科学基金(70473036)和国家社科基金重大招标项目"贯彻落实科学发展观与加快转变经济发展方式研究"(07&ZD009)研究的一些阶段性成果,专著的出版得到了国家社科基金重大招标项目"贯彻落实科学发展观与加快转变经济发展方式研究"(07&ZD009)和国家"985工程"二期哲学社会科学创新基地建设子项目"当代资本主义经济发展模式研究"的资助。

　　尽管全书已经画上了句号,但我仍感忐忑。一因天资愚钝,二因勤勉不够,许多问题或浅尝辄止,或难以尽叙。但可以聊以自慰的,这本专著凝聚了我在经济学知识殿堂中求索的艰辛与乐趣,浓缩了攻读博士学位四年间让人难以忘怀的求学生涯。

　　我在硕士阶段学的是工科,以年近不惑之年攻读经济学博士学位,个中艰辛只有自己能够体会。幸运的是,我遇到了一批名师,洪银兴教授、刘志彪教授、范从来教授等,是他们引领我走入经济学研究的殿堂。我要特别感谢的是我的导师沈坤荣教授。沈教授是国内经济增长研究的著名经济学家之一,他的深厚的理论功底、敏锐的洞察力和严谨的学风激励并支撑着我的求学之路。我忘不了我的第一篇正式发表的经济学论文,从构思到成稿,近1年的时间内,十易其稿,沈老师几乎是手把手地教导。我忘不了他在我博士论文的选题、写作和修改过程中,字斟句酌,悉心指导,使我能够将博士论文最终画上句号。

德高为师,学高为范。沈老师对我的影响不仅仅是学术方面的,更重要的是他的仁德谦恭、宽厚平和的品格对我产生了巨大的影响。在过去的几年中,他以自身的行动时刻提醒我们,要成为一个有作为的学者,既要有扎实的学术功底,更要有追求真理不屈的勇气和虚怀若谷的博大胸襟,这一切给予我在南大最终完成学业的最大动力。

在博士论文的写作过程中,刘东教授、梁东黎教授从框架结构直到具体细节给予了悉心指导,帮助我完成了论文的一些关键部分的写作。在论文评议与答辩过程中,范从来教授、蒋伏心教授、钟永一研究员提出了很多建设性意见,并给予了较高评价。当然,限于能力,他们的深邃思想很多并没有能在这部专著中完整地体现出来,但即使如此,文章也因此增色了许多。

这本专著的主要内容先后在第五届、第七届、第八届中国经济学年会报告过,部分成果先后发表在《中国社会科学》、《统计研究》等杂志上,还有一些成果正在一些权威杂志接受匿名审稿。我要感谢论文评议人和审稿人的无私奉献,他们帮助我发现并解决了许多技术性错误,使我的学术水平和能力在一次次纠错中不知不觉地得到提高。我还要感谢我的师兄师弟,耿强、付文林、师博等人给予的热情而无私的帮助,没有他们的帮助,论文的写作过程将会遇到更多困难;我还要感谢我的爱人与女儿,她们的理解与支持,是我最终能够完成学业的最大精神支柱。在本书的编辑出版过程中,人民出版社郑海燕女士付出了大量的劳动,在此一并表示感谢。

这本书最终画上句号只是就形式而言的。经济增长理论体系庞杂,由于能力与水平的限制,这本专著在很多方面对于中国经济增长的理解仍然是粗浅的,某些理解是幼稚甚至是错误的,恳请各位读者提出宝贵意见。

唐文健谨识

2008 年 12 月 20 日于江苏盐城